Ulrich Rabenschlag
So finden Kinder ihren Schlaf

W0327787

HERDER spektrum

Band 5213

Das Buch

Wenn Kinder mit dem Einschlafen oder Durchschlafen Probleme haben, ist es ganz wichtig, dass sich Eltern mit der nächtlichen Welt des Kindes vertraut machen. Auf diesem Hintergrund zeigt der Autor, welche Möglichkeiten Eltern haben, um darauf hinzuwirken, dass Kinder möglichst gut durch die Nacht kommen. Was ist zu tun (oder zu lassen), wenn Kinder beispielsweise Angst- und Albträume haben, schlafwandeln, einnässen, in der Nacht sprechen, mit den Zähnen knirschen, den Kopf anschlagen oder wenn ähnliche Störungen auftreten. Eltern lernen anhand dieses Buches und mit vielen Beispielen, ihren Kindern möglichst gute Bedingungen zu schaffen, dass sie gut durch das Abenteuer Nacht finden: eine unverzichtbare Lektüre für alle Eltern.

Der Autor

Dr. Ulrich Rabenschlag, Kinder- und Jugendpsychiatrischer Oberarzt und Diplompsychologe an der Kinder- und Jugendpsychiatrie der Universitätsklinik Freiburg; jetzt in eigener Praxis in Freiburg. Initiator und wissenschaftlicher Leiter der Freiburger Forschungsgruppe Kinderschlaf.

Ulrich Rabenschlag

So finden Kinder ihren Schlaf

Informationen und Hilfen für Eltern

Unter Mitarbeit von
Rudolf Heger

HERDER

FREIBURG · BASEL · WIEN

Neuausgabe als Taschenbuch
Titel der Originalausgabe: „Kinder reisen durch die Nacht.
Schlafen, wachen, träumen – die gute Nacht für Kinder".
Verlag Herder, Freiburg 1998

Gedruckt auf umweltfreundlichem,
chlorfrei gebleichtem Papier

Alle Rechte vorbehalten – Printed in Germany
© Verlag Herder Freiburg im Breisgau 2001
www.herder.de
Satz: Fotosetzerei G. Scheydecker, Freiburg im Breisgau
Herstellung: fgb · freiburger graphische betriebe 2001
www.fgb.de
Umschlaggestaltung und Konzeption:
R·M·E München / Roland Eschlbeck, Liana Tuchel
Umschlagmotiv: © IFA-Bilderteam
ISBN 3-451-05213-X

Inhalt

III. Gestörte Nächte

IV. Von der Untersuchung zur Therapie

Einleitung

Das zwanzigste Jahrhundert ist als das „Jahrhundert des Kindes" bezeichnet worden. Es hat einen Zuwachs an Wissen über Kinder gebracht, wie es zu keiner Zeit Erwachsenen zur Verfügung gestanden hat. Leider ist damit auch die Ratlosigkeit der Eltern gestiegen und ihre Tendenz, Orientierung bei Experten zu suchen. Damit haben Eltern immer mehr von ihrer eigenen Elternbegabung eingebüßt. Das ist eine gefährliche Entwicklung. Sie gefährdet das, wonach Menschen in den hoch industrialisierten Ländern heute verzweifelt suchen: Orientierung, die aus der persönlichen Bindung an eigene Werte und an vertraute Menschen erwächst.

Wenn dieses Buch dazu beiträgt, Eltern wieder spüren zu lassen, wieviel sie über ihre Kinder erfahren können, indem sie sich Zeit nehmen, staunend an ihrer Entwicklung teilzunehmen, dann hat es zu dem beigetragen, was dem Autor am Herzen lag, als er seine Erfahrungen aus den vielen Gesprächen mit Kindern, Eltern und Mitarbeitern niedergeschrieben hat.

Kinder sind nicht unbegrenzt anpassungsfähig an die Kultur, die durch Erwachsene vorgegeben wird. Am Ende des zwanzigsten Jahrhunderts gehört zu dieser Kultur zumindest in den hoch industrialisierten Ländern die unbedenkliche Anwendung all dessen, was machbar erscheint. Daraus entsteht die Illusion, alles, was als Unglück und Beschwernis empfunden wird, sei in Glück und Wohlbefinden veränderbar. Dabei geht die wichtige Erfahrung von Begrenzung und Vergänglichkeit verloren. Medizin, Psychologie und Pädagogik tragen in hohem Maße zur Stützung dieser illusionären Vorstellung bei. Alles, was diesem Ziel zuwiderläuft, wird als „Störung" bezeichnet. Veraltet ist der

Begriff der „Krankheit", zu dem das „Leiden" und das Warten auf Besserung gehören.

Wie sollte es da mit dem Interesse am Thema Kinderschlaf anders bestellt sein? In erster Linie geht es uns Erwachsenen darum, wie man das, was uns am unfertigen Schlaf der Kinder stört, korrigieren kann. Doch wer bestimmt eigentlich, was „stört" und wer „gestört" wird?

Die Gespräche, die wir als Psychologen, Ärzte und Studenten mit den Kindern, den Jugendlichen und ihren Eltern in unserer Kinderschlafambulanz geführt haben, haben uns gelehrt, wie sehr sich Kinder und Erwachsene in dem unterscheiden, was sie von der Nacht erinnern und erzählen können. Es gibt ganze Abschnitte der Kinderreisen durch die Nacht, von denen die Eltern gar nichts mitbekommen, die für die Kinder aber sehr wichtig sind. Das Umgekehrte trifft ebenso zu: Eltern beobachten eigenartige Verhaltensweisen ihrer Kinder des Nachts und schließen daraus auf guten oder gestörten Schlaf, ohne dass die Kinder irgend etwas von diesen „Schlafstörungen" überhaupt mitbekommen.

Der Zeitraum, von dem dieses Buch handelt, erstreckt sich über etwa 4000 Nächte. Es ist die Zeit, in der ein Kind heranwächst bis zum Beginn der Pubertät. Bis zur Einschulung verbringt ein Kind durchschnittlich die Hälfte seiner gesamten Zeit im Schlaf, in der Pubertät und Adoleszenz ist es immer noch ein Drittel. Ein Erwachsenener kommt mit etwa einem Viertel aus.

Ein Neugeborenes widmet noch die Hälfte seines Schlafs den Träumen, in denen es seine Tageserfahrung sortiert, verarbeitet und im Gedächtnis verankert. Erwachsenen stehen dafür nur noch etwa 15 % ihrer Schlafenszeit zur Verfügung.

Schlafen und Träumen haben, wie diese Zahlen zeigen, für die Kinder eine unvergleichlich größere Bedeutung als für die Erwachsenen. Sie schaffen eine zweite Realität, die uns Erwachsenen in ihrer Bedeutung für seelische und körperliche Gesundheit kaum noch zugänglich ist. In ihrem „magischen Denken", das noch weit in die Grundschulzeit hineinreicht, machen Kinder noch wenig Unterschiede zwischen Phantasie, Träumen und Tageserleben. Sie durchreisen eine bunte, zum Teil tröstende, zum Teil ängstigende Welt, in der sie staunen über das, was es alles gibt, ohne dass es jemand „gemacht" hat. Dass sie durch eigenes Handeln etwas verändern können, das lehrt sie erst der Umgang mit der „Realität" der Erwachsenen.

Genau in diesem Punkte haben es viele Kinder in unserer heutigen Kultur so schwer. Sie gehören inzwischen einer abnehmenden Minderheit in unserer Gesellschaft an, und das war zu Beginn diese Jahrhunderts wahrlich noch ganz anders. Immer weniger Erwachsene kennen kindliche Welten aus alltäglichem Umgang mit ihnen. Umgekehrt tendieren Kinder immer früher dazu, erwachsene Verhaltensweisen zu imitieren, um verstanden zu werden. Sie lernen früher, als es für sie gut sein kann, dass ihre kindlichen Verhaltensweisen nicht nützlich sind, zu viel Zeit in Anspruch nehmen und die geplante Zeit der Erwachsenen durcheinanderbringen.

Das alles sollte man bedenken, wenn in der Tagespresse darauf hingewiesen wird, dass kindliche Schlafstörungen, wie überhaupt psychische Probleme im Kindesalter, in den letzten Jahren deutlich zugenommen haben. Es kommt eben immer darauf an, wer eigentlich gestört wird, wenn von „Störungen" die Rede ist.

In diesem Buch soll von Störungen des kindlichen Schlafs nicht als pathologischen Symptomen gesprochen werden, sondern – und so lautet unsere Definition von „Schlafstörungen im Kindesalter" – von „bestmöglichen Anpassungsformen an innere und äußere Bedingungen des Kindes, die seinen physiologischen Schlafablauf und/oder die psychische Funktion seines Schlafs beeinträchtigen".

Wenn wir mit Methoden der modernen Kinderschlafforschung in den letzten Jahren Einblicke in den Schlaf als die früheste Kulturleistung der Kinder haben gewinnen können, dann haben wir über die kunstvolle Gestaltung körperlicher und seelischer Abläufe gestaunt, die es ihnen ermöglichen, wach, neugierig und gesund zu bleiben. Diese Kenntnis der ganz normalen körperlich-seelischen Abläufe im Säuglings- und Kindesalter wirft ein völlig neues Licht auf das Verständnis der so genannten Schlafstörungen im Kindesalter.

Alles, was der Autor auf diesen Seiten zu den Themen Kinderschlaf und Schlafstörungen im Kindesalter zusammengetragen hat, geht auf eine vieljährige Auseinandersetzung mit den Themen im praktischen oder wie wir sagen würden im „klinischen" Umgang mit einigen hundert Familien, vor allem ihren Kindern zurück. Diesen meinen Patienten verdanke ich in erster Linie, dass ich gelernt habe, einfachen Lösungen zu misstrauen und das Allgemeingültige im individuell Angemessenen zu erkennen.

Mein Freund und psychologischer Mitarbeiter in der Freiburger Kinderschlafambulanz Rudolf Heger hat mit mir die theoretischen und klinischen Probleme intensiv diskutiert. Dabei hat er sein großes Wissen und Können in allen Bereichen der technischen Durchführung, der statistischen Analyse und der Kunst der didaktischen Darstellung eingebracht.

In freundschaftlicher und stets ermutigender Unterstützung haben uns die in Fragen der Schlafmedizin hoch erfahrenen Kollegen der erwachsenenpsychiatrischen Abteilung unserer Klinik, ihr Direktor Mathias Berger, sein Leitender Oberarzt Fritz Hohagen und der Leiter der schlafmedizinischen Forschungsgruppe Dieter Riemann in vielen Jahren geholfen, eine Forschungsgruppe und eine Spezialambulanz für Fragen des Kinderschlafs aufzubauen.

Viele Studentinnen und Studenten der Psychologie, der Medizin, der Soziologie, der Linguistik und der Biologie haben in unserer Forschungsgruppe als DoktorandInnen und DiplomandInnen mitgearbeitet und wichtige Ideen eingebracht. Unterstützung bei der wissenschaftlichen Arbeit und Beiträge zu wichtigen Einzelfragen verdanke ich Beata Bednarek, Christine Biedermann, Baldo Blinkert, Anne Brunner, Susanne Gerschel, Beate Maria Gomille, Christine Hermann, Anne Jacobs, Kathy Keyvany, Sabine Kimmler, Anja Lüttke, Arved Meyer-Oehme, Anke Raschke, Heike Reh, Susan Rezai, Karin Rosenfeld-Prusak, Anja Rutschinski, Claude von Stackelberg, Stefany Stadelmann, Iris Steinbring, Eveline Stotz, Rita Weber, Fabian Wilmers, Barbara Zacharias, Yvonne Ziegler und vielen anderen mehr.

Mit der Unterstützung der Stadt Freiburg durch ihren Bürgermeister Jörg Seeh, des erfahrenen Umweltsoziologen Baldur Blinkert, der Fachredakteurin der Zeitschrift „Eltern" Birgit Leimbeck und des Verlags Gruner+Jahr ist es uns möglich gewesen, zwei große epidemiologische Sudien zum Thema Kinderschlaf in den Jahren 1992 und 1996 durchzuführen.

Der Lektor des Herder Verlags Freiburg, Peter Raab, hat uns in fachlich hilfreicher und freundschaftlicher Weise, vor allem aber mit viel Geduld und Humor, bei der Entwicklung der endgültigen Fassung begleitet.

So ist hoffentlich ein Buch entstanden, das Eltern in so mancher gestörten Nacht auch dann noch zur Hand nehmen, wenn wieder einmal alle klugen Ratschläge des Autors an der Vitalität ihres Kindes gescheitert sind …!

I.

DIE BEDEUTUNG UND FUNKTION VON SCHLAFEN UND TRÄUMEN

1. Kapitel

Schlafen und Träumen: Regeln, Wege und Funktionen

Stellen wir uns vor, wie zwei Geschwister nach einer langen Seereise schließlich auf einer einsamen Insel ankommen. Mehr als sechshundert Tage und ebensoviele Nächte haben sie in ihrem kleinen Boot auf dem weiten Meer zugebracht. Zu Anfang war das Meer noch grau, später voller Farben, Gerüche und vielfältiger Töne, schaukelnd und mitunter auch stürmisch. Himmel und Wasser gingen ohne Grenzen ineinander über. Dann kam eine lange Strecke, da teilte sich das Oben vom Unten, das Helle vom Dunklen, der Tag von der Nacht. Wenn die Sonne schien, so war die Luft warm und sanft, das Meer aber war kühl und rauh. Leuchtete der Mond, so fröstelte es sie in der Luft, das Meer aber bot ihnen Schutz gegen die Kälte der Nacht. Ob es nun hell war oder dunkel, immer konnten sie in ihrem kleinen Boot weite Reisen machen, sie brauchten dazu nur die Augen zu schließen. Mit offenen Augen waren es nur kleine Ausflüge, die meist nicht viel weiter gingen als bis zum Rande des Bootes oder zum Kielwasser hinter dem Boot, das tagaus, tagein dieselben blauweißen Kurven drehte. So verging die Zeit auf dem Meer. Über dreizehn Mal sahen sie in dieser Zeit den Mond größer und wieder kleiner werden. Sie aber wurden kräftiger und größer und lernten allmählich, die kurzen Ausflüge auf ihrem Boot gegen die weiten Reisen zu tauschen, ganz gleich, ob die Sonne oder der Mond am Himmel standen. Machten sie die Augen zu, so begann das Kielwasser zu verstummen, zugleich aber in bunten Farben zu glitzern, die Bilder verschwammen, und die Luft dehnte sich unendlich weit aus, gerade so, wie sie es vom Anfang ihrer Reise gewohnt waren. Mit offenen Augen kamen die Geräusche und die Gerüche wieder, die Sonnenstunden wurden immer länger und die Mondstunden immer kürzer. Aber es gab auch Tage, da wollten sie länger den Mond betrachten, und die Sonnenstunden waren ihnen gerade gut genug, um sie zu verschlafen.

Das war die Zeit auf dem Meer. Doch nun hatten sie die Insel erreicht, und plötzlich schien alles anders geworden zu sein. Tagsüber liefen sie umher und machten immer neue Entdeckungen. Dabei wurden sie müde, und der Schlaf brachte ihnen Erholung für den nächsten Tag. Aber der Schlaf war auch voller Gefahren. Kaum hatten sie die Augen zugemacht, so kamen die Bilder vom Tage wieder. Manche dieser Bilder erkannten sie wieder, andere aber waren in grelle Farben getunkt, erinnerten an fremde Düfte, ohne dass sie sie riechen konnten, oder an brummende Töne, die sie doch nicht hören konnten. Und sie bekamen Angst. Manchmal auch sahen sie sich als Tiere, die lustig tanzten, als gäbe es keine Steine, an denen sie sich tagsüber die Knie aufgeritzt, und keine Pfützen, in die sie noch am Vortag gefallen waren. Im Schlaf waren sie völlig wehrlos, konnten nicht weglaufen, wenn ihnen Gefahr drohte, wie gelähmt schienen Arme und Beine zu sein, und wenn sie rannten, so kamen sie doch nicht von der Stelle. Sie wurden ganz kalt und hätten erfrieren können, ohne etwas dagegen ausrichten zu können. Sie unternahmen weite Reisen an Orte, die sie noch nie gesehen hatten, ohne zu wissen, ob sie gelaufen oder geflogen waren.

Am nächsten Morgen erzählten sie sich gegenseitig wundersame Dinge, die sie in der Nacht vollbracht hatten. Da war die Rede von Rufen, Weinen und Lachen.

Ja, der eine wollte sogar den anderen bei Mondlicht einmal über die Insel haben wandeln sehen, als suchte er irgend etwas, was es doch gar nicht gab. Es war für ihn schwer, diese komischen Berichte zu glauben, konnte er am Tage darauf sich selbst doch an nichts erinnern.

So hatte sich alles geändert, seit sie auf der Insel angekommen waren. Und sie beschlossen, immer, bevor sie die Augen zumachten, sich von der Welt des Tages zu verabschieden, was oft gar nicht so einfach war. Sie wussten nun etwas genauer als früher, als sie noch in ihrem Boot auf dem Meer gefahren waren, was ihnen bevorstand, wenn sie die Augen geschlossen hatten. Es waren die Abenteuer, die ihnen bald Angst, bald freudige Aufregung verursachten, Abenteuer, die sie tagsüber nur ganz selten zu erleben bekamen. Sie wussten nun: Das waren ihre **Reisen durch die Nacht**!

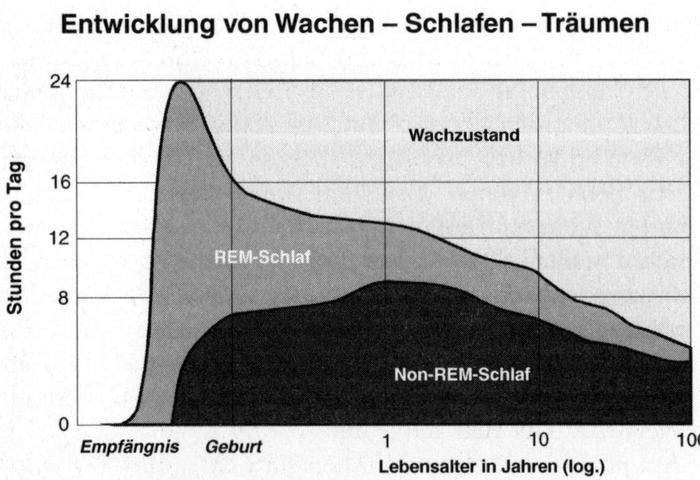

Abb. 1

So wie in dieser kleinen Geschichte können wir uns den Schlaf zweier Kinder im Bauch der Mutter und in ihrem ersten Lebensjahr vorstellen. In den ersten Monaten nach seiner Entstehung entwickeln sich in einem Embryo Vorstufen für Tasten, Schmecken und Riechen. Dann kommt der Gleichgewichtssinn hinzu, es folgen die Anlagen zum Hören und zuletzt die Differenzierung der Sehstäbchen. Nun müssen alle diese verschiedenen Sinneskanäle zusammengefasst werden, damit „Erleben" entstehen kann. Von der 24. Schwangerschaftswoche an weisen rhythmische Wellen im Elektroencephalogramm (EEG) darauf hin, dass das Gehirn seine Aktivität aufgenommen hat. Sechs Wochen lang zeigt es noch eine recht gleichförmige Aktivität, aber dann, mit der 30. Woche, beginnt der Fötus erstmals zu schlafen, doch nicht, um sich zu erholen. Nein, sein Schlafen beginnt mit dem Träumen! Während dieser Traumphasen ist der Fötus motorisch höchst aktiv. Er „übt" tags und nachts in rhythmisch ablaufenden Zeitspannen, indem er sich aufs Träumen verlegt. Die Träume sind also von ihrem Beginn an die kreativsten Phasen unserer Gehirntätigkeit. Wieder vergehen sechs Wochen, und nun, ab der 36. Woche der Schwangerschaft, teilt sich der Schlaf in einen Teil zum Träumen und in einen zum Ruhen. Es entwickelt sich ein Schlaf-Wachrhythmus, in dem die einzelnen Phasen nicht länger als 45 Minuten dauern. Das ist genau die Hälfte der Zykluslänge, die das erwachsene Gehirn der Mutter aufweist. Man könnte also sagen: Der Fötus (ebenso das Kleinkind) schläft genau doppelt so schnell wie die Mutter. Heute erklären sich die Forscher diesen Unterschied mit der Größe des Gehirns. Das Gehirn der Mutter ist eben viermal so groß wie das ihres Kindes.

Verteilung der Schlafstadien

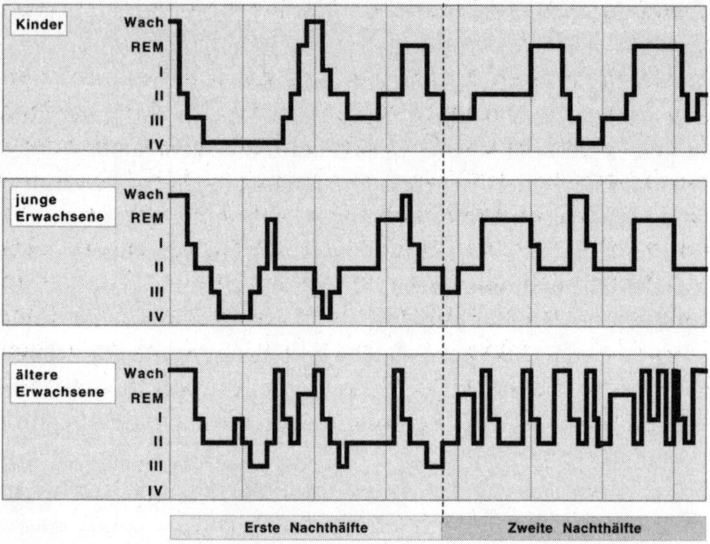

Abb. 2

Die 30. Schwangerschaftswoche ist übrigens der Zeitpunkt, da das Ungeborene beginnt, nach draußen zu hören; es reagiert auf äußere Schallreize, steht also erstmals in direkter Kommunikation mit der Außenwelt! Die Mutter macht diese Entwicklung mit, indem sie sich ebenfalls in ihrem Schlaf umstellt. Ihre Träume werden seltener, sie schläft oberflächlicher und weniger. Denn die letzten zehn Wochen der Schwangerschaft bemühen sich Mutter und Kind in feiner Abstimmung aufeinander, immer mehr im Wachzustand miteinander zu kommunizieren. Die Wachphasen von Mutter und Kind werden länger, und beide träumen weniger lange. Der Schlaf des Föten übernimmt nun immer mehr die Funktion, Energien aufzubauen für den Tag, das heißt, der Tiefschlafanteil nimmt rasch zu. Bei der Geburt ist es genau die Hälfte des Schlafs, die ein Säugling mit Träumen verbringt, aber das sind immer noch 8 Stunden täglich.

Allmählich steht uns immer weniger Traumzeit zur Verfügung, so dass wir im Erwachsenenalter mit einem kleinen Rest von weniger als 20% auskommen müssen. Aber nicht nur unsere Zeit des Träumens nimmt mit dem Lebensalter ab, auch der gesamte Schlaf, den wir innerhalb von vierundzwanzig Stunden finden und benötigen, verkürzt sich von 24 Stunden vor der Geburt über 16 bis 14 Stunden im Säuglingsalter, 11 bis 10 Stunden im Grundschulalter, 10 bis 9 Stunden beim Eintritt in die Pubertät bis auf 8 Stunden bei Beginn des Erwachsenenalters. Im hohen Alter kommen wir sogar mit 6 Stunden Schlaf aus.

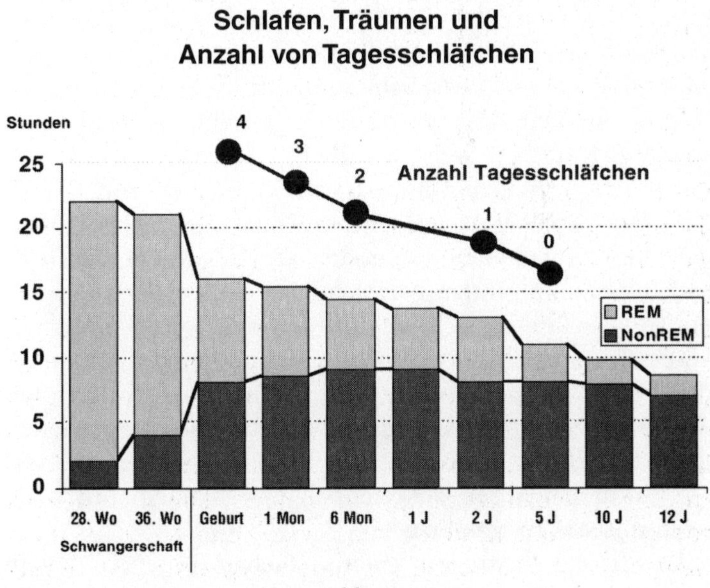

Abb. 3

Diese Muster von Schlafen und Träumen haben sich im Laufe der 600 Millionen Jahre unserer Evolutionsgeschichte (d. h. in der gesamten Entwicklungszeit des Menschen) allmählich herausgebildet. Dabei wissen wir heute, dass die Fähigkeit des schlafenden Gehirns zu träumen erst viel später entstanden ist als die, dem Körper Ruhephasen zu verschaffen. Träumen ist gebunden an die volle Entwicklung der Großhirnhemispären. Unsere Träume sind also ähnlich wie unsere Sprache eindrucksvolle Hinweise darauf, dass wir als Menschen die kulturelle Überlegenheit über andere Lebewesen der Spezialisierung unseres Gehirns zur Verbesserung der Kommunikation verdanken: Die Sprache ermöglicht es uns, mit anderen, der Traum, mit uns selbst in Verbindung zu bleiben.

Beim Übergang ins nächste Jahrtausend machen sich Spezialisten Gedanken darüber, wie der Mensch, dem die täglichen sechs bis acht Stunden Aus-Zeit lästig sind, mit immer noch weniger Schlaf- und Traumzeit auskommen könnte ... Zum Glück wehrt sich unsere Schlafnatur heute noch gegen diesen künstlichen Eingriff in die Evolution.

So wissen wir, dass wir erschöpft zusammenbrechen und schließlich sterben, wenn wir über zu lange Zeit vollständig auf Schlaf verzichten müssen. Auch können wir nicht, ohne Schaden zu nehmen, auf unsere Träume verzichten. Werden wir am Träumen gehindert, so wird der Traumdruck in jeder nachfolgenden Nacht immer größer; daraus haben einige Forscher den Schluss gezogen, dass wir so etwas wie einen Traumtrieb haben, den wir nicht ungestraft unterdrücken können. Nach längerem Traumentzug verlieren wir die Orientierung, werden aggressiver und sexuell ungesteuerter; wir verlieren gleichsam alle Errungenschaften, die uns als kulturelle Wesen auszeichnen und handeln nur noch nach unseren Instinkten.

Das führt uns zu ganz grundsätzlichen Fragen nach dem Sinn von Schlafen und Träumen. Viele Menschen haben in den vergangenen drei Jahrtausenden versucht, Antworten hierauf zu geben, Antworten, die wir heute, unter Berücksichtigung erst wenige Jahrzehnte alter Ergebnisse der Hirnforschung, in vielen Punkten ganz neu formulieren, weil wir die Fragen anders verstehen.

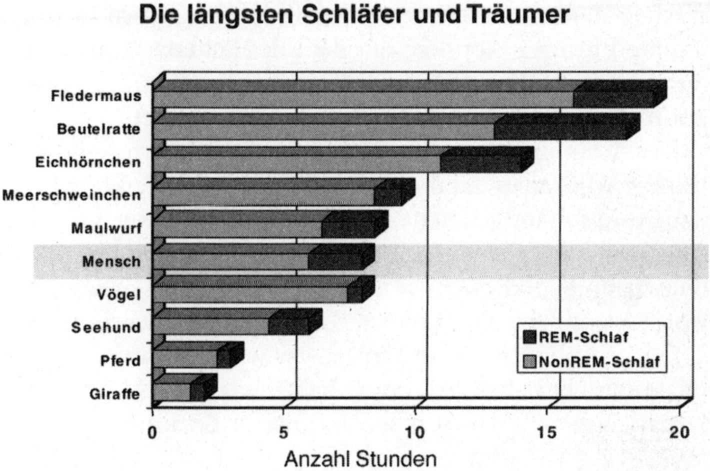

Abb. 4

Das Zentrum in unserem Gehirn, das den Schlaf steuert, liegt ganz tief verborgen in einem Bereich, den man das Stammhirn oder die „Brücke" nennt, denn er verbindet unser Gehirn mit dem Rückenmark. Er ist der älteste Teil unseres Gehirns, und das bedeutet, dass wir ihn nahezu unverändert von unseren Vorfahren in der menschlichen Evolution übernommen haben. Wir finden ihn bei allen Wirbeltieren und überhaupt bei fast allen Tieren vor. Selbst die Delphine, die scheinbar nie Schlaf brauchen, schalten von diesem Zentrum aus ihre eine Hirnhälfte immer wieder auf

Schlaf, während die andere wach bleibt, denn sie müssen ab und zu wieder auftauchen, um Luft zu schnappen.

Auch Tiere, die nie schlafen wie die Krabben, die Hummer, die Schmeißfliegen und die Schmetterlinge, kommen nicht ohne regelmäßige Ruhepausen aus. Die Fische und die Frösche, vor allem aber die Amphibien, die im Wasser und auf dem Lande leben können, zeigen bereits erste Anzeichen dafür, dass sie beim Ausruhen ihr Gehirn in einen Zustand bringen können, der dem des Schlafes ähnelt. Erst die Anpassung an das Landleben hat die Tiere mit einem gut funktionierenden Schlafzentrum ausgestattet.

Das Träumen ist eine Fähigkeit des Gehirns, die erst fünfzig Millionen Jahre später als das Schlafenkönnen in der Evolution aufgetaucht ist. Wenn wir heute von Träumen sprechen, dann meinen wir die zumeist bunten Stummfilme, die wir im Schlaf erlebten und die wir, sobald wir wach geworden sind, erzählen können. Genau genommen muss man sagen, wir kleiden das in Worte, was wir in unseren Traumphasen erlebt haben. Aber was haben wir erlebt? Mit Sicherheit nicht genau das, was wir in unserer Erzählung glauben ausdrücken zu können! Wissen wir doch schon von unseren Tageserlebnissen, dass es uns oft sehr schwer fällt, sie in Sprache richtig wiedergeben zu können. Unsere Sprache stellt unsere Träume logischer und realitätsnäher dar als wir sie erleben.

Wenn wir den Kindern die Möglichkeit geben zu malen oder zu spielen, was ihnen von ihrem Traum erinnerlich ist, dann bekommen wir einen weniger zensierten Einblick in das Verwirrende, was sie in ihrem Stummfilm der Nacht haben sehen und fühlen können.

Schlafforscher haben es ungemein viel schwerer zu sagen, was sie unter Träumen verstehen. Sie haben vor gut vierzig Jahren herausgefunden, dass wir immer dann träumen, wenn wir im Schlaf unter unseren geschlossenen Augenlidern mit unseren Augäpfeln hin- und herrollen, unser Gehirn plötzlich ganz aktiv wird und ein Hirnstrombild (EEG) produziert, das fast so aussieht, als seien wir wach.

EEG-Muster in den verschiedenen Schlafstadien

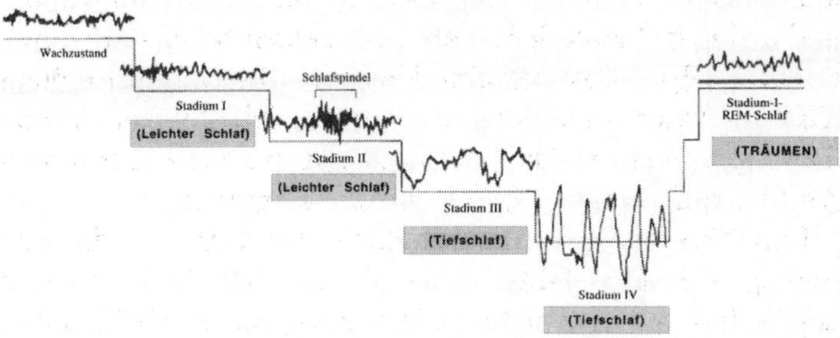

Abb. 5

Man nennt das den REM-Schlaf, ein Wort, das sich von der englischen Bezeichnung der schnellen rollenden Augenbewegungen („**R**apid **E**ye **M**ovements") herleitet. Verwickelter ist die Sache in dem Moment geworden, als Forscher ein paar Jahrzehnte später entdeckt haben, dass wir uns auch aus dem Non-REM-Schlaf an Träume erinnern können, die zwar nicht ganz so aufregend und farbenfroh sind, aber uns doch verstehbare Botschaften übermitteln können.

So müssen wir uns also auf die Fragen beschränken: In welchem Evolutionsstadium sind erstmals REM-Phasen aufgetaucht? Und welche heute lebenden Tiere haben solche REM-Phasen? Leider können wir nicht mit Sicherheit sagen, dass alle Tiere, die solche Phasen zeigen, auch so träumen wie wir, denn sie können uns nicht in einer uns verständlichen Sprache davon erzählen. Aber wir vermuten, dass auch ein Hund träumt, wenn er plötzlich jault und mit den Vorderpfoten ausgreift und wenn in diesem Moment sein EEG im Schlaf das typische REM-Phasen-Muster des Träumens zeigt. Sieht er sich vielleicht gerade in einem Stummfilm, wie er ein Kaninchen versucht zu schnappen? Warum eigentlich nicht?

Und wie ist es mit einem kleinen Kind, sagen wir von zwölf Monaten, das gerade Laufen lernen will und dabei immer wieder umfällt, was es so richtig wütend macht? In der Nacht schreit es plötzlich aus dem Schlaf auf, ohne wach zu werden. Könnte es nicht gerade geträumt haben, dass wieder einmal solch ein dummer Bauklotz im Wege war, über den es schon tagsüber gestolpert ist?

Seit einigen Jahrzehnten haben überall auf der Welt Ärzte, Psychologen und Biologen Menschen und Tiere aller Altersstufen während ihres Schlafs im Schlaflabor ausführlich untersucht und dabei Entdeckungen gemacht, die uns mehr und mehr staunen lassen, wie kunstvoll und wie sinnvoll Schlafen, Wachen und Träumen geregelt werden. Einige dieser Entdeckungen haben inzwischen dazu geführt, dass wir völlig neue Ideen zum Verständnis selbst unseres Wachbewusstseins gewonnen haben. Vieles von dem, was wir heute über die Biorhythmen wissen, also über das regelmäßige Auf und Ab der Körperkräfte, mit dem wir uns auf die täglichen Lebensanforderungen einstellen, verdanken wir den vielen Tausenden, die sich im Schlaflabor an eine große Zahl von Messgeräten haben anschließen lassen. So wissen wir heute, dass unser Schlaf in regelmäßigen Schlafstadien mehrfach in der Nacht tiefer und dann wieder oberflächlicher wird, dass unsere Körpertemperatur einige Zeit nach Mitternacht auf einen Tiefpunkt fällt, dass wir gelähmt sind, wenn wir träumen, dass wir bestimmte tagsüber verbrauchte Körperstoffe nur im Schlaf wiederherstellen können, dass wir uns nachts gegen gefährliche Infektionskrankheiten wappnen und dass unser Schlafmuster uns verraten kann, in welcher seelischen Verfassung wir sind.

Nach der griechischen Mythologie ist der Schlaf („hypnos") der Bruder des Todes („thanatos") und der vaterlose (!)

Sohn der Nacht („nyx"). Er lebt in der Unterwelt, ist den Menschen aber wohl gesonnen.

Die Griechen haben sich den Schlaf als einen geflügelten Jüngling vorgestellt, der aus seinem Horn einen Schlaftrunk gießt und die Müden mit einem Zweig berührt. Kinder und alte Menschen können sich die Verwandtschaft von Schlaf und Tod noch gut vorstellen. Das sollten wir wissen, wenn uns ein achtjähriges Kind, das gerade die Endgültigkeit des Todes erfasst hat, von seinen starken Einschlafängsten erzählt, die mitunter an Todesängste erinnern können.

Wollten wir auf der Basis unseres derzeitigen Wissens den Schlaf in einen Mythos einreihen, so würden wir ihn eher als Bruder oder Schwester des Lebens und der Liebe auffassen.

Wenn wir im Schlaf unser Bewusstsein ausschalten, dann gehen wir ein großcs Risiko ein, überfallen zu werden oder zu erfrieren. Wir sind auf einen sicheren Ort angewiesen und brauchen, so lange wir Kinder sind, Menschen um uns herum, denen wir vertrauen können.

Warum hat sich in der Evolution solch ein hoch störungsanfälliges System zur Wiederherstellung unserer geistigen und körperlichen Kräfte durchgesetzt?

Die Antwort auf diese Frage führt uns vor Augen, dass wir Menschen nicht nur Lebewesen, sondern vor allem auch Erlebe-Wesen sind. Denn der menschliche Schlaf verfügt zugleich über drei (bzw. vier) Funktionen:

1. Die Funktion der **Wiederherstellung verbrauchter Kräfte** des Körpers, vor allem aber des Gehirns im Tiefschlaf. Verbrauchte Körperkräfte können wir durch einfaches Ausruhen zurückgewinnen; es gibt aber auch spezielle Körperfunktionen, die sich nur im Schlaf wiederherstellen. Dazu gehören das Wachstumshormonsystem (HGG), das in der Einschlafphase aktiv wird, und das Abwehrsystem gegen Erreger, das sich im Tiefschlaf auffrischt.

2. Die Funktion der **Verarbeitung von Informationen** im Traum, damit unser Gehirn nicht von irrelevanter Information überbordet wird. Im REM-Schlaf sortieren wir Wesentliches von Unwesentlichem, wobei wir je nach Alter und Stimmung ganz individuelle Strategien verwenden. Wahrscheinlich überführen wir in dieser Phase auch die nur kurzfristig gespeicherten Inhalte des Tagesgedächtnisses in unser Langzeitgedächtnis. Erst dadurch werden wir fähig, nicht nur wie eine Eintagsfliege im Hier-und-Jetzt zu leben, sondern eine persönliche Lerngeschichte aufzubauen.
3. Darüber hinaus ist der Schlaf so organisiert, dass wir als Säuglinge und Kleinkinder alle 45 Minuten und als Erwachsene alle 90 Minuten in einen Leichtschlaf fallen, aus dem wir leicht erweckbar sind, damit wir uns schützen können, wenn es nötig ist. Unser Schlaf übt durch seinen Rhythmus also gleichzeitig eine **Wächterfunktion** aus.

Hormonausschüttung im Schlaf

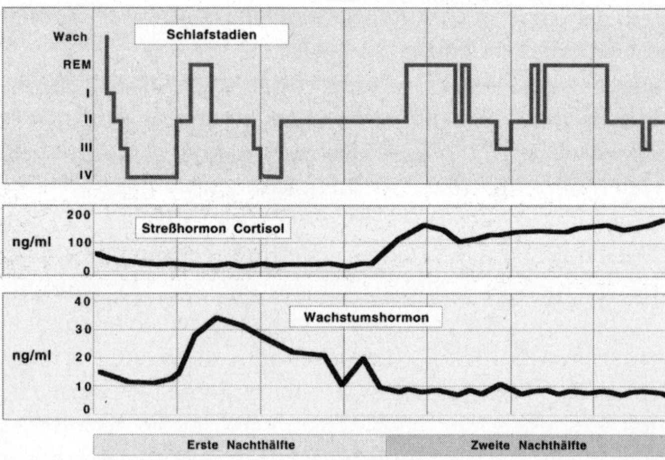

Abb. 6

Schema eines Schlafzyklus

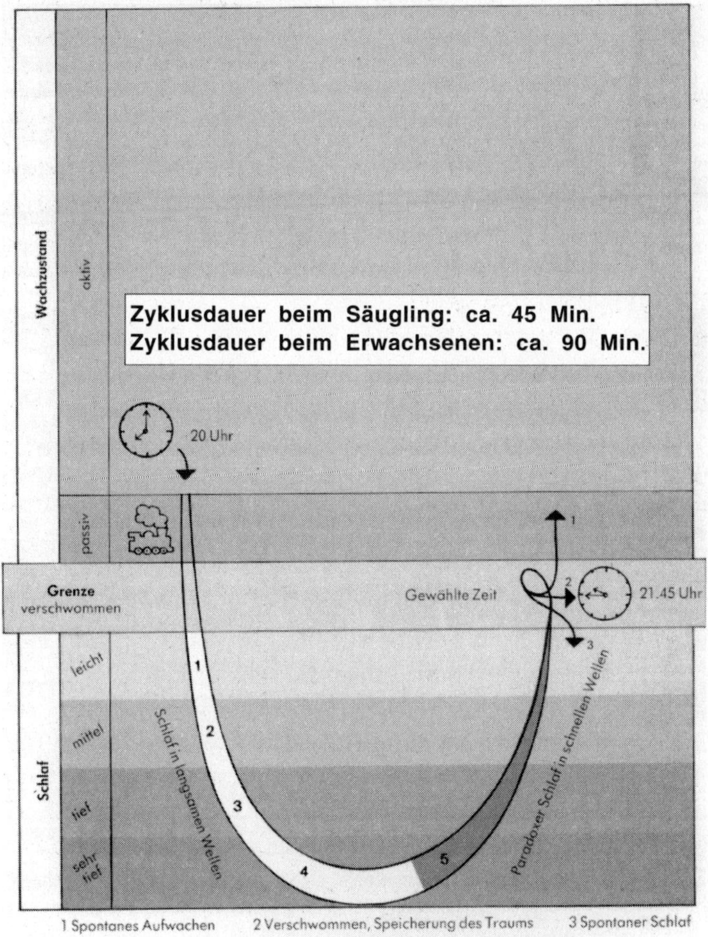

Abb. 7

So stehen uns in einer regelmäßigen Abfolge beide unserer Welten zur Verfügung, die reale Außenwelt, die unsere Reaktionen verlangt, und die (für Kinder ebenso reale) Innenwelt, die unsere Kreativität beflügelt. Könnte unser Gehirn lediglich Informationen sammeln und unserem Körper Ruhephasen verordnen, so wäre es um unsere Entwicklungsmöglichkeiten schlecht bestellt.

4. Daraus können wir noch eine vierte Funktion ableiten, die für den Kinderschlaf von allergrößter Bedeutung ist, nämlich die, **seelische und körperliche Entwicklung** zu ermöglichen!

Diese drei oder besser vier Funktionen weist der Schlaf unser ganzes Leben lang auf. Aber er passt sich in der Regelung des Verhältnisses von Leichtschlaf zu Tiefschlaf, von Traumschlaf zu Gesamtschlaf und nicht zuletzt in der Schlafdauer sehr kunstvoll unseren jeweiligen Entwicklungsstufen an. In der Kindheit benötigen wir viel Zeit für die kreative Sortierung von Informationen, damit wir wirklich Neues behalten können. Daher träumen wir in dieser Zeit so viel.

In der Jugend mit der großen Tagesaktivität benötigen wir ein hohes Maß geistiger Kräfte, da wir uns beständig um Orientierung und um Integration neuer Erfahrung kümmern müssen. Daher steht uns auf dieser Stufe der Entwicklung immer noch relativ viel REM-Schlaf zur Verfügung. Im Alter setzen wir uns weniger Umorientierungsprozessen aus und können auf mehr Erfahrung und Routine vertrauen. Unsere geistig-seelische Arbeit verläuft in ruhigeren Bahnen. Entsprechend nehmen die Schlafdauer, der Tiefschlaf und der REM-Schlaf deutlich ab.

Traumwelt und reale Welt gehen für alle Kinder in den ersten sechs bis acht Lebensjahren noch ineinander über. Wenn wir als Erwachsenene diese kindliche („magische") Erlebniswelt wiederbeleben wollen, so geschieht das zumeist, weil uns die reale Welt zu fremdartig, zu gefühllos oder zu kompliziert erscheint.

> Stell dir vor, du fällst in einen tiefen Schlaf, und im Schlaf hast du einen Traum: Du steigst zum Himmel auf und pflückst dort eine seltene und wunderschöne Blume. Dann wachst du auf und hältst die Blume in der Hand. Ja, was dann? *Coleridge*

Vor fast zweihundert Jahren haben einige, meist junge, Erwachsene die Lehren der Aufklärung und den beginnenden Siegeszug der Naturwissenschaften als eine künstliche Entfremdung empfunden; alles war ihnen zu rational und zu wenig einheitlich gedacht. Sie sehnten sich nach der Verbindung von Logischem und Phantastischem, von Belebtem und Gegenständlichem. Sie nannten sich die „Romantiker", und viele ihrer Schriften beschäftigen sich mit der Verwobenheit von Tag und Nacht, von Wachen und Träumen.

Es ist interessant zu hören, dass die romantischen Schriftsteller fast ausnahmslos junge Erwachsene waren, wir würden heute sagen „Spätadoleszente", die vehement die Identifikation mit der damals vorherrschenden Erwachsenenwelt der „Spießbürger", aber auch die beunruhigenden, umstürzenden Ideen der Aufklärung ablehnten. Sie fanden keine Möglichkeit, ihrer Jugendzeit eine Zeit der reifen Verantwortung und kreativen Vernunft folgen zu lassen. So wählten sie einen dritten Weg, den der „romantischen Träumer". Doch damit konnten sie die magische Welt der Kindheit nicht wiederbeleben – ganz im Gegenteil!

Denn die Zeit, in der Traumwelt und Wachbewusstsein bei Kindern ineinander übergehen, also die Zeit des magischen Denkens, ist zugleich die Zeit, in der Kinder besonders interessiert sind, so viel wie möglich Realität zu erfassen und deren Gesetze zu lernen. Sie fliehen nicht in den Traum, sondern sie nehmen den Traum so ernst wie die Realität und verfügen damit noch über Quellen, zu denen die Erwachsenen über Traumanalyse, Meditation und Drogen recht mühsam erst wieder Zugang zu gewinnen suchen.

Der Schlaf ist ein Freund der Kinder, der Traum ihre zweite Realität. Als Erwachsenene haben wir die Aufgabe, ihnen diese Freundschaft zu erhalten und ihre magische Auffassung der Welt zu respektieren.

2. Kapitel

Schlaf und Traum in alten Zeiten und in anderen Kulturen

Vor etwa 200 Millionen Jahren, so nehmen heutige Forscher an, haben Lebewesen erstmals nicht nur Ruhephasen nach anstrengender Muskelarbeit eingelegt, sondern auch ihrem Gehirn eine Verschnaufpause ermöglicht: Der Non-REM-Schlaf war entstanden. Viel später, nämlich vor 50 Millionen Jahren, traten erstmals Träume (gebunden an die REM-Phasen) auf. Es gibt bis auf den heutigen Tag Lebewesen, die nie in ihrem Gehirn ein Schlafzentrum entwickelt haben, also noch so leben, wie die meisten Lebewesen vor 200 Millionen Jahren. Dazu gehören z.B. die Schmetterlinge und die Schmeißfliege. Die Vögel haben eine ganz andere Entwicklung genommen. Bei ihnen treten zwar Schlafphasen auf, aber träumen können sie nur während ganz kurzer Zeit nach der Geburt. Das Träumen stimuliert ihre Gehirnentwicklung, also genauso wie wir es beim Menschen finden, aber dann kann das Vogelgehirn plötzlich keine REM-Phasen mehr hervorrufen.

Die Forscher haben viele verschiedene Theorien über diese Zweizeitigkeit der Entstehung von Tiefschlaf und Träumen entwickelt. Einig sind sie sich darin, dass die Entstehung des Schlafes an die zunehmende Bedeutung des Gehirns für das Überleben gekoppelt ist. Der Traum hat dem Gehirn die Welt der inneren Bilder verschafft, eine zweite Wahrnehmungswelt, abgeschieden von den Tageseindrücken. Aber warum haben die Non-REM-Phasen in der Evolution nach 150 Millionen Jahren nicht mehr ausgereicht? Vielleicht weil die Lebewesen zu diesem Zeitpunkt die Fähigkeit entwickelt haben, nicht nur Eier zu legen, sondern direkt lebendige Nachkommen auf die Welt zu setzen. Zumindest wissen wir, dass diese beiden Fortschritte in der Evolution zum gleichen Zeitpunkt aufgetaucht sind!

Seit es bildnerische und schriftliche Aufzeichnungen über die Kultur der Menschen gibt, also erst seit etwa sechshundertausend Jahren, finden wir Hinweise darauf, dass Menschen gelernt haben, mit Symbolen umzugehen. Leider wissen wir nicht, ob sie damals auch schon zwischen der realen Welt des Tages und der nur vorgestellten der Nacht haben unterscheiden können.

Ganz sicher sind wir uns aber darüber, dass die alten Ägypter und die Assyrer seit dem Jahre 2000 vor Christi Geburt diesen Unterschied gut gekannt haben. Sie haben sich Schlafen und Träumen so vorgestellt, dass der Schlafende allnächtlich in das Urgewässer „Nun" hinabsteigt, um dort seine tagsüber verbrauchten Kräfte zu regenerieren. Seitdem findet sich die Vorstellung, die wir heute noch teilen: Die Realitätswahrnehmung gehört zur oberen Welt, Schlafen und Träumen führen in die Unterwelt!

Die Griechen der Antike haben bereits formuliert, dass der Schlaf uns einerseits wohltuende Vorstellungen herbeizaubern kann, dass er uns aber zugleich in die Nähe des Todes führt. In der Mythologie der Griechen waren Hypnos, der Schlaf, und Thanatos, der Tod, die beiden (vaterlosen) Söhne der Nyx, der Nacht. Beide wohnten in der Unterwelt. Um die Menschen zum Schlafen zu bringen, schwebte der Jüngling Hypnos auf die Erde und träufelte ihnen opiumhaltigen Mohnsaft in die Augen. Sein Sohn Morpheus erschien daraufhin den Schlafenden als Gott des Traums in den verschiedensten Gestalten.

Noch heute erzählen wir unseren Kindern vom Sandmännchen, das den Kindern den Schlaf bringen soll, indem er ihnen Sand in die Augen streut. In der griechischen Vorstellungswelt war Hypnos mit seinem Mohnsaft sogar in der Lage, den Göttervater Zeus in den Schlaf zu versetzen!

Berühmte griechische Ärzte, wie Asklepios, wussten bereits, dass man Menschen, die unter Schlafstörungen litten, in eine ruhige Umgebung mit der Möglichkeit zur Entspannung und inneren Einkehr bringen musste, damit sie ihr Gleichgewicht wiederfänden.

Narkotisiertwerden mit Opium, Entspannen, Vergessen, Sich-Versenken – kein Wunder, dass die Vorstellung sich lange hielt, der Schlaf sei der engste Verwandte des Todes! Erst die modernen naturwissenschaftlichen Methoden haben in unserem Jahrhundert an dieser Vorstellung Grundlegendes geändert und den Schlaf als einen rhythmischen Ablauf unserer seelischen und körperlichen Kräfte entdeckt, der in festen Abständen von ein bis zwei Stunden immer wieder an die Grenze des Bewusstseins führt, um dann wieder hinabzusinken in bewusstseinsferne Schichten. Das Vergessen ist nur die eine Seite des Schlafs, die andere ist das Sortieren von Informationen und vor allem das Speichern und Überführen in unser Langzeitgedächtnis. Vielleicht kommt es daher, dass wir „wissenschaftlich Aufgeklärten" keine Gemeinsamkeiten zwischen Schlaf und Tod mehr erkennen können.

Doch sollten wir nicht annehmen, dass dieses unser durch Wissenschaft aufgeklärtes Erwachsenenwissen die Vorstellungen der Kinder vom Schlaf verändert hätte. Für Kinder ist der Schlaf immer noch so etwas Ähnliches wie der „Bruder des Todes": „Da liegt ja einer. Ist der tot, oder schläft der nur?" Aber sprechen wir Erwachsenen nicht auch von „totmüde" und von den Verstorbenen als den „Entschlafenen"? Es bedarf sicher noch vieler Jahrzehnte, bis wissenschaftliche Erkenntnisse der Schlafforschung in unserer Alltagsprache ihren Niederschlag finden. Mag sein, dass die Menschen des 21. Jahrhunderts eines Tages nicht mehr vom „Schlafengehen" sprechen, sondern vom „Imaginieren",

d. h. vom Herstellen von inneren Bildern oder vom „rhythmischen Auffrischen" – wer weiß?

Kinder beschäftigt der Schlaf vor allem deswegen, weil er die Träume bringt. Träume haben Menschen immer schon zu faszinierenden Spekulationen angeregt. Seit es kulturgeschichtliche Aufzeichnungen gibt, finden sich Hinweise auf Traumberichte und auf Traumdeuter. Was die Menschen am meisten interessiert hat, sind die bizarren Bilder, die so sehr an Tageseindrücke erinnern und doch völlig anderen Ursprungs zu sein scheinen. Trugbilder oder Botschaften aus der Nacht – bis heute ist der Streit über Sinn und Unsinn unseres Träumens nicht entschieden.

Der griechische Erzähler Hesiod berichtet von den Träumen, den Oneiroi, als den Töchtern der Nacht. Schlaf und Traum sind also in der griechischen Mythologie Bruder und Schwester. In Homers Odyssee wohnen sie jenseits des Ozeans an den Pforten der Sonne. Der römische Dichter Vergil berichtet in seiner Aeneis, dass die Träume aus der Unterwelt stammen und dass die Totengeister sie den Lebenden zuschicken – die wahren Träume durch ein Tor aus Horn, die falschen durch ein Tor aus Elfenbein.

Die Träume waren fester Bestandteil der griechischen Ärztekunst. Kranke erfuhren im Traum von der rechten Medizin, die sie heilen könnte, wenn die Ärzte nicht weiter wussten. Nach einer dreitägigen rituellen Reinigung und einer Opfergabe von drei Kuchen – einem für Erfolg, einem anderen für die Erinnerung und einem dritten für die rechte Ordnung der Dinge – legte sich der Kranke, geschmückt mit einem Lorbeerkranz auf dem Kopf, im Tempel des Asklepios nieder und gab sich dem Tempelschlaf hin. Inkubation nannte man diesen Ritus. Dieses Wort benutzen wir heute noch, um bei einer Infektionskrankheit die Zeit zwischen Ansteckung und Ausbruch der Krankheit zu bezeichnen.

Ebenso alt wie die Berichte über Träume sind die Erzählungen über Methoden wie Askese, Meditation, Drogen oder

Trance, mit denen Menschen versucht haben, aus eigener Anstrengung in das Reich der Träume einzutauchen. Heute wissen wir, dass dieser Versuch nicht gelingen kann, denn Halluzinationen sind etwas ganz anderes als die natürlichen Träume des Schlafenden.

Gott sprach mit den Propheten im Traum. Viele Religionsstifter, Mose, Zarathustra, Buddha oder Mohammed führten ihre entscheidenden Einsichten auf Träume zurück. Der Träumende des Alten und des Neuen Testaments hatte sein Leben nach seinen Träumen auszurichten. Da jedoch die Botschaften der Träume oft widersprüchlich oder in Symbolen und Bildern versteckt waren, bedurfte es der Traumdeuter. Wie die Josephsgeschichte des ersten Buchs Mose zeigt, standen diese Traumdeuter in sehr hohem Ansehen. Könige und Herrscher richteten ihre politischen Entscheidungen nach den Interpretationen ihrer Traumdeuter aus.

Der Träumende, so lehrte der griechische Philosoph Platon, tue gut daran, in den Träumen göttliche Offenbarung von solchen Bildern zu unterscheiden, die ihm nur seine Begierden und Wünsche vorspiegelten – eine höchst moderne Auffassung der verschiedenen Traumfunktionen. Die Griechen haben bereits vier verschiedene Erscheinungsweisen des Traums unterschieden, erstens die Wiederholung, mitunter auch mit einer Übersteigerung von Tageseindrücken, zweitens die Weissagung, drittens die Vision der Zukunft und schließlich die Symbolbildung. Für die Entschlüsselung der Symbole bedürfe es eines Traumdeuters, die drei erstgenannten Traumarten seien dem Träumenden unmittelbar verständlich.

Ganz andere Vorstellungen von der Traumwelt finden wir bei den Indianern Nordamerikas, aber auch bei Philosophen im alten China. Danach sind Träume Visionen einer zweiten Wirklichkeit, die neben der Welt des Wachseins existiert und deren Erfahrungen für den Menschen von gleich wichtiger Bedeutung sind. Diese Auffassungen sind sehr verwandt mit den Vorstellungen, die Kinder vom Träumen haben. Auch für sie sind während der Zeit des „magischen Denkens" – und die geht immerhin bis in die Schulzeit hinein – Wünschen, Träumen und Erleben lediglich verschiedene Zugänge zur Wirklichkeit mit ineinander fließenden Übergängen.

Im Mittelalter finden wir so gut wie keine neuen Ideen zu Schlaf und Traum.

Zu Beginn des 20. Jahrhunderts entstand plötzlich wieder ein großes Interesse an den Träumen. Im Jahre 1900 schrieb der Wiener Arzt und Begründer der Psychoanalyse, Sigmund Freud, sein erstes großes Werk, dem er den Titel „Die Traumdeutung" gab. Er hatte bei seinen Patienten beobachtet, dass ihre Traumerzählungen Sinn machten, wenn er sie nach einem psychologischen Deutungsschema zu entschlüsseln verstand. Später verließ er diesen Weg und forderte seine Patienten auf, zu ihren Traumerzählungen frei zu assoziieren, d.h., spontane Einfälle mit ihren erinnerten Traumbildern zu verbinden. So ergäbe sich ein „Königsweg zum Unbewussten" des Patienten.

Freud hat mehrere Traumtheorien entwickelt. Die bekannteste ist die vom Traum als der Erfüllung unbewusster Wünsche. Das Neuartige an Freuds Auffassung war, dass er annahm, die inneren Bilder, die uns nur im Traum zugänglich sind, seien dadurch entstanden, dass sie als Vorstellungen im Wachzustand schwer erträglich gewesen seien. Solche, zumeist konflikthaften, Tagesvorstellungen seien „verdrängt" worden und stifteten nun Unruhe, da sie immer wieder ins Bewusstsein drängten. Dadurch werde der Mensch seelisch, ja manchmal auch körperlich krank. Um ihn zu heilen, müsse man die Verdrängung wieder rückgängig machen. Dagegen aber sträube sich der Patient, vor allem, wenn solche Bewusstmachung mit Angst, Scham und Erinnerungen an Hilflosigkeitsszenen der Kindheit verbunden sei. Für Freud ist der Traum der „Hüter des Schlafs", denn er verhindere durch seine kunstvolle Entstellung, dass der Schlafende beunruhigt aufwache, wenn ihm klar vor Augen geführt werde, was er tagsüber nicht habe sehen wollen. Zum psychologischen Verständnis des Unbewussten und der Person des Träumenden sei es nun von großem Interesse zu studieren, wie der Schlafende sein unangenehmes Wissen vor sich selbst zu verbergen suche, d.h., wie er seinen Traum so konstruiere, dass er ihm selber nicht mehr verstehbar sei.

Zwei amerikanische Schlafforscher, McCarley und Hobson, haben siebzig Jahre nach Freuds „Traumdeutung" eine extreme Gegentheorie entwickelt. Danach ist das Träumen lediglich das Produkt von Aktivierungsvorgängen im Gehirn, die es im Schlaf in rhythmischen Abständen durchführt, um die gespeicherte Information zu sortieren, zum Teil zu löschen, zum Teil mit alten Informationen zu verknüpfen. So sollen Lernprozesse „konsolidiert" werden. Sind Träume also nur Schäume?

Die neueste wissenschaftliche Traumtheorie stammt von dem kalifornischen Anthropologen Symons, und sie ist erst acht Jahre alt. Er geht von der seltsamen Eigenart unserer Träume aus, dass sie uns lediglich visuelle Eindrücke vermitteln. Gerüche, Klänge und Bewegungen kommen im Traum nicht vor. So können wir zwar träumen, ins Wasser zu fallen, aber wir können nicht die Nässe spüren. Bei den optischen Vorstellungen, so argumentiert er, können wir es uns leisten, zwischen realem Sehen und Halluzinationen eventuell nicht unterscheiden zu können. Ja, die Überschneidung von Gesehenem und Vorgestelltem ist für unser kreatives Denken sogar sehr nützlich, denn wie sollten wir sonst die Dinge auch einmal „anders betrachten" können? Aber unsere Hör-, Berührungs- und Geruchssinne sollten uns nicht auch noch verwirren, sonst würden wir „verrückt werden". Denn wenn uns diese Sinneskanäle nicht mehr die Wirklichkeit abbilden, dann sind wir entweder schizophren oder wir stehen unter Drogen. Danach wären unsere (visuellen) Träume ein Kompromiss zwischen Realitätsauffassung und Kreativität. Diese Traumtheorie eines Naturwissenschaftlers am Ende unseres Jahrhunderts zeigt wieder viele Gemeinsamkeiten mit der psychoanalytischen Auffassung Sigmund Freuds aus dem Jahre 1900.

Am vorläufigen Ende einer Jahrtausende währenden Geschichte menschlicher Theorien von Schlaf und Traum stehen wir vor der Erkenntnis, dass der Traum eine geniale Errungenschaft unserer menschlichen Evolutionsgeschichte ist. Der Träumer kann über die unmittelbare sinnliche Realitätswahrnehmung (über die auch alle anderen Lebewesen mit einem Gehirn verfügen!) hinaus seine Eindrücke im Schlaf sortieren und sich dabei eine „neue Sicht der Dinge" verschaffen, indem er Bekanntes mit Neuem verbindet, um Entwürfe für Zukünftiges zu entwickeln. Das Träumen ist also eine spezifische Erweiterung unseres „Reflektierens", des der Logik unterworfenen Tagesdenkens!

Wenn wir unsere Träume nicht mehr ernst nehmen, dann verzichten wir freiwillig auf den Zugang zu einer typisch menschlichen Errungenschaft der Evolution.

Die Kinder – und hauptsächlich von ihnen erzählt dieses Buch – haben uns Erwachsenen in der Art und Weise, wie sie ihren Schlaf und ihre Träume ernst nehmen, einiges voraus. Das wird uns im Folgenden mit wacher Neugierde beschäftigen.

II.

SCHLAFEN UND TRÄUMEN IM VERLAUF DER ENTWICKLUNG DER KINDER

3. Kapitel

Am Ende der Schwangerschaft

Vor gut einem halben Jahrhundert haben Forscher begonnen, die Hirnaktivität des Kindes im Mutterleib zu untersuchen. Seit der Entwicklung der direkten Ableitung der Hirnströme vom Schädel des Föten (EEG = Elektroencephalogramm) haben wir eine Vorstellung davon, wie allmählich ein kindliches Schlafprofil (d.h. die Abfolge von verschiedenen Stadien des Leichtschlafs und des Tiefschlafs) entsteht.

In den ersten Schwangerschaftsmonaten zeigt das kindliche Gehirn noch eine gleichmäßige Aktivität – ohne tageszeitliche Schwankungen. Erst ab der dreißigsten Schwangerschaftswoche finden wir Vorformen von Traumphasen. Im EEG nennt man sie die REM-Phasen, was auf die Abkürzung für **R**apid-**E**ye-**M**ovements (schnelle Augenbewegungen) zurückgeht.

Um das zu erklären, muss ich eine kleine Geschichte erzählen. Im Jahre 1953 machte ein junger Vater, als er seinen zehnjährigen Sohn Armond zu Bett gebracht hatte, eine seltsame Beobachtung. Kaum hatte der Junge seine Augen geschlossen, da begannen seine Augäpfel unter den Lidern hin und her zu wackeln, ganz schnell, so wie sie es bei Tage nie gekonnt hätten. Nun war Eugene Aserinsky, so hieß der Vater des kleinen Armond, ein erfolgversprechender Student im Physiologielabor des bekannten Hirnforschers Nathaniel Kleitman an der Universität von Chicago. Und so versuchte er, der eigenartigen Beobachtung mit wissenschaftlichen Methoden auf den Grund zu gehen. Er nahm zwei Elektroden, d.h. Ableiteplättchen für feinste Stromflüsse, und klebte sie rechts und links an die Schläfe seines Sohnes, so dass er seine Augenbewegungen elektrisch aufzeichnen konnte. Gleichzeitig leitete er von Armonds Schädel ein EEG ab.

Nun sah er, dass jedes Mal, wenn die Augen sich rasch von links nach rechts bewegten, das Gerät einen ganz schnellen EEG-Rhythmus wie im Wachzustand aufzeichnete. Eigentlich waren im Schlaf nur viel langsamere und größere Hirnstromwellen zu sehen. Es war, als ob das Kind im Schlaf für ganz kurze Zeit gar nicht schliefe, sondern sich wie in einem anderen Wachzustand befände. Er nannte dies den „paradoxen Schlaf" und die Schlafphase, in der das passierte, REM-Phase. Wenn er die Kinder direkt nach dieser REM-Phase weckte, dann erzählten sie von lebhaften Träumen. Noch im selben Jahr veröffentlichte er diese Beobachtung in der berühmten amerikanischen Wissenschaftszeitschrift „Science", und damit begann die moderne Ära der Traumforschung.

Wenn bei Föten diese REM-Phasen auftauchen, dann gehen sie mit fließenden, geordneten Körperbewegungen einher. Ab und zu trainiert er wie ein kleiner Boxer, er stößt mit den Armen, trippelt mit den Füßen, macht Atembewegungen, und das alles in kleinen Vierer- oder Achtelserien. Er ist dann wieder ganz in sich versunken und durch Außenreize nicht aufweckbar. Der Fötus „übt" also sozusagen während seiner REM-Phasen sein Nervensystem, indem er sich aufs Träumen verlegt.

Sechs Wochen später, in der sechsunddreißigsten Schwangerschaftswoche, kann man dann ganz deutlich REM-Phasen von den ruhigeren Non-REM-Phasen unterscheiden. In diesen Phasen träumt der Fötus also nicht, sondern gibt sich dem Tiefschlaf hin, um Kräfte zu sammeln. Er ist vollständig gegen Außenreize abgeschirmt, ganz selten treten einmal kleine Zuckungen auf.

Ganz zu Beginn der Entwicklung also stimuliert der REM-Schlaf die Gehirnentwicklung. Daher nimmt er auch fast die gesamte Schlafzeit in Anspruch. Erst einen Monat später übernimmt beim wachen Fötus die Stimulation durch äußere Reize diese Funktion.

Auch im Wachzustand können wir beim Fötus zwei Phasen unterscheiden. Da ist zum einen der „aktive Wachzustand". Hier trommelt er heftig gegen die Bauchwand der Mutter und zwar umso mehr, je ruhiger die Mutter selber ist. Auf Außenreize hin hält er kurz inne, um dann wieder mit seinem Sportprogramm loszulegen. Am liebsten trainiert er am Abend, wenn der Mutter gar nicht mehr danach zumute ist. Um vorübergehend wieder Ruhe zu kriegen, bleibt der Mutter nichts anderes übrig, als selber aktiv zu werden. Ein wahres Trommelfeuer setzt oft ein, wenn die Mutter Hunger hat oder im Zimmer zu wenig Sauerstoff ist. Auf seine noch etwas unbeholfene Weise achtet das heranwachsende Kind also bereits vor seiner Geburt auf das Wohlergehen der Mutter.

Im „ruhigen Wachzustand" bewegt sich der Fötus sehr langsam und ist besonders empfänglich für akustische, aber auch für visuelle Reize von außen, denn hören kann er schon seit dem siebten und sehen seit Beginn des neunten Monats. Der Herzschlag des Föten steigt an, wenn die Eltern sich heftig streiten oder die Mutter noch ihrer Arbeit in einem lauten Maschinenraum nachgehen muss. Eine ruhige Umgebung für die Mutter lässt auch den Föten ruhig werden.

Es gibt immer wieder Berichte von Menschen, die als Kinder oder Erwachsene lebhafte Erinnerungen angeben können, die allem Anschein nach im letzten Drittel der Schwangerschaft entstanden sind. Bekannter noch sind die späteren Liebhaber von Mozartmusik oder der Beatles, deren Mütter gegen Ende ihrer Schwangerschaft häufig eben diese Musik gehört haben. Um diese Phänomene zu erklären, müssen wir uns vor Augen führen, dass das Gehirn des Föten tatsächlich im letzten Schwangerschaftsdrittel in der Lage ist, Sinneseindrücke nicht nur aufzunehmen, sondern auch zu speichern. So haben Forscher bereits nachweisen können, dass Föten in den letzten Wochen und Monaten vor der Geburt Lieder und Geschichten im Gedächtnis behalten können, wenn sie ihnen häufig genug vorgetragen werden. Wenn sie dann als Säuglinge dieselben Lieder und Geschichten hörten, so reagierten sie mit besonderer Aufmerksamkeit auf das, was sie „schon kennen". Falls also Erwachsene von der vorgeburtlichen Zeit träumen, dann ist es zumindest denkbar, dass sie Reizkonstellationen gespeichert haben, die ihr träumendes Erwachsenengehirn in eine Geschichte umwandelt, die letztlich nur verstehbar ist, wenn man ihren Ursprung in die Zeit der intrauterinen Entwicklung zurückdatiert.

Der REM-Schlaf ist sozusagen das Abbild unserer „zweiten Realität", und bei der Geburt macht er genau die Hälfte des Säuglingsschlafs aus. Im Erwachsenenalter schwindet der Traumanteil immer mehr. Er macht nur noch ein Fünftel unserer Schlafzeit aus. Den Rest brauchen wir zur Wiederherstellung verbrauchter Körperkräfte.

Der Schlaf der Mutter entwickelt sich über die Schwangerschaft hin fast analog dem Schlafverhalten ihres heranwachsenden Kindes. Leider dauern die Schlafzyklen von Mutter und Fötus nicht gleich lang und verlaufen vor allem nicht gleichsinnig. So kommt es, dass oft der Fötus schläft, wenn die Mutter aktiv ist, und wach ist, wenn die Mutter schäft.

Im ersten und zweiten Drittel der Schwangerschaft nimmt der Schlaf der Mutter zu, und zwar sowohl der REM-Schlaf als auch der Erholungsschlaf. Ihre Träume werden lebhafter, auch treten Alpträume auf. Das ist für viele schwangere Mütter sehr belastend, denn sie werden in solchen Alpträumen mit ihren Tagesphantasien über ihr Kind und die bevorstehende Geburt konfrontiert. Und die sind manchmal nicht nur Ausdruck von Vorfreude, sondern auch von ihrer ambivalenten Einstellung gegenüber dem Kind und von Schreckensvisionen, die sie mit dem Unbekannten beschäftigen, das da in ihrem Bauch heranwächst. In ihren Träumen beschäftigen sie sich einerseits mit dem Bild des wonnigen Säuglings, der ihnen viel Glück bereiten wird. Dann gibt es aber auch Träume, in denen sie sich mit allen ihnen bekannten Formen der Behinderung auseinander setzen. Man kann das auch als eine segensreiche Einrichtung der Natur ansehen, denn sie lässt die Mütter nicht so völlig unvorbereitet, die tatsächlich ein behindertes Kind zur Welt bringen werden.

Viele Mütter greifen dann zu Beruhigungstabletten (Tranquilizern), die ihre Träume unterdrücken sollen. Sie nehmen aber damit, meist unwissend, in Kauf, dass auch die Traumphasen ihres Kindes unterdrückt werden!

Dann, wenn der Fötus beginnt, mit weniger Schlaf auszukommen, verändern sich auch die Schlafzeit und die Schlafqualität der Mutter. Ihr Schlaf wird oberflächlicher, Träume werden seltener, Tiefschlafphasen verschwinden mehr und mehr. Immer häufiger wacht sie nachts auf – nicht zuletzt wegen der Wadenkrämpfe und der Rückenschmerzen. Ihr Atemvolumen wird geringer. Dafür beschleunigt sich ihre Atmung (dank des hohen Progesteronspiegels, der die Schwangerschaft schützt), so dass weder Mutter noch Fötus unter Sauerstoffmangel zu leiden haben.

In den neun Monaten der Schwangerschaft haben die Mutter und ihr heranwachsendes Kind also nur vier Wochen Zeit, um einen kleinen Vorgeschmack davon zu bekommen, wie das sein wird, wenn sie sich in Schlafen und Wachen aufeinander einstellen müssen. Wenn das Kind in ihrem Bauch strampelt und sie sich selber gerade nach einem anstrengenden Tag Ruhe gönnen möchte, dann mag sie vielleicht denken: „So wird das also auch in der nächsten Zeit häufiger sein, dass ich schlafen will und meiner Tochter (oder meinem Sohn) gefällt das gar nicht!" Vier Wochen lang geht's ihr dabei sogar noch relativ gut, denn zumindest schreit ihr Kind noch nicht dabei …!

Vor allem in den letzten Wochen der Schwangerschaft dienen intensive Geburtsvorbereitungen unter Anleitung der Hebammen mit ihren Anspannungs- und Entspannungsübungen direkt der Verbesserung des Schlafs der Mutter. Denn wie auch während der bisherigen Schwangerschaft erweisen sich in den Wochen vor der Geburt Gymnastik, körperliche und seelische Entspannung und ein Austausch über augenblickliche Schwangerschaftserlebnisse als die besten Methoden, um den Einsatz von Medikamenten bei Spannungszuständen, Ängsten und Schlafstörungen überflüssig zu machen.

Schlaf von Mutter und Kind in der Schwangerschaft

11. *Schlafbedürfnis, Schlafdauer und Anzahl der Träume (auch der Alpträume) der Mutter nehmen vor allem im ersten Drittel der Schwangerschaft aufgrund hormoneller Veränderungen stark, dann nur noch gering bis zum 8. Schwangerschaftsmonat zu. Im letzten Drittel eher weniger Schlaf und gehäuft Durchschlafstörungen mit Alpträumen nach der Entbindung, häufiger Pavor nocturnus, sehr selten auch Beginn einer depressiven postpartalen Psychose.*
2. *Der Embryo kann noch nicht schlafen und träumen, sondern befindet sich in einem stabilen Halbschlafzustand.*
3. *Ab der 36. Schwangerschaftswoche tauchen echte Schlaf- und Wachperioden auf. Die gesamte Schlafzeit nutzt der Fötus zum Träumen, um sein Nervensystem zu üben.*
4. *Im letzten Monat der Schwangerschaft sind Mutter und Fötus weniger an Schlaf interessiert. Die*

Mutter schläft flacher, der Nachtschlaf ist häufiger unterbrochen, dafür werden aber auch schlimme Träume seltener.

5. *Mütterliche Schlafstörungen bedeuten für das in ihrem Bauch heranwachsende Kind keine prägende Beeinträchtigung, wohl aber starke emotionale Belastungen der Mutter, auf die sie mit sorgenvoll unterbrochenen Nächten reagiert.*
6. *Der Schlaf des Föten wird durch Nikotin, Alkohol, Drogen, Hunger und eine Reihe von Medikamenten beeinträchtigt. Vor allem Drogen und beruhigende Tranquilizer unterdrücken das Träumen des Föten und stören seine Gehirnentwicklung.*
7. *Die Speicherfähigkeit des fötalen Gehirns ist im letzten Drittel der Schwangerschaft so weit entwickelt, dass starke Außenstimuli in seinem Traum bearbeitet und ins Langzeitgedächtnis überführt werden können.*
8. *Schlafdauer und Biorhythmus von Mutter und Kind stimmen während der Schwangerschaft nicht überein, häufig ist der Fötus wach, wenn die Mutter schläft und umgekehrt.*
9. *Je mehr sich die Mutter in den letzten Wochen vor der Entbindung dem eigenen Ruhebedürfnis überlassen kann, also nicht gegen ihre Müdigkeit anarbeitet, um so eher wird sie mit einem stabilen Schlaf-Wach-Rhythmus ihres Säuglings rechnen können.*
10. *Eine schwangere Mutter sollte sich keine Sorgen machen über ein ihrer Meinung nach zu lebhaftes Kind, das in ihrem Bauch heranwächst. Eher, wenn ein Fötus im letzten Teil der Schwangerschaft zu ruhig erscheint, sollten eine Ärztin oder ein Arzt konsultiert werden.*

4. Kapitel

Die ersten drei Lebensmonate

In den ersten vier Wochen nach der Geburt führen die Säuglinge ihren fötalen Schlafrhythmus einfach fort. Alle zwei bis vier Stunden wachen sie auf, bleiben dann eine halbe oder auch zwei Stunden wach, um dann wieder Traum und Tiefschlaf zu finden. Insgesamt 16 Stunden schlafen sie innerhalb von vierundzwanzig Stunden, manche kommen auch mit 12 Stunden aus, andere nehmen sich 20 Stunden. Dabei ist die Verteilung von Schlafen und Wachen über den Tag und die Nacht noch völlig unregelmäßig. Das gilt für die gesamten ersten drei Monate.

Jeder Säugling hält sich nacheinander in sechs verschiedenen Bewusstseinszuständen auf, die alle ihre eigene Geschichte schreiben können, je nach Temperament des Säuglings und nach der Bereitschaft der Mutter, sich darauf einzulassen. Es sind dies der Tiefschlaf, der leichte Schlaf mit dem Träumen, das Halbwachsein, das Hellwachsein, das Quengeligsein und das Weinen. Zu jedem Zustand gehören ein spezifischer Reizschutz und eine bestimmte Neugier. Je nach Stabilität des Nervensystems können diese Zustände verschieden lange durchgehalten werden. Wenn Säuglinge zu schnell zwischen diesen Zuständen oszillieren, dann brauchen sie sicher auf lange Zeit eine strukturierende Hilfe von außen, damit sie nicht von innerem Chaos überschwemmt werden. Eine Mutter, die mit diesem Problem in den ersten gemeinsamen Lebenswochen mit ihrem Kind konfrontiert ist, sollte sich rasch um eine kompetente Hilfe bemühen. Denn sie leistet eine sehr wichtige präventive (d. h. störungsvorbeugende) Aufgabe, für die sie Anleitung und vor allem Anerkennung verdient hat. Ärzte, Psychologen und Hebammen sind für diese Beratung heute gut ausgebildet.

Nun gibt es Babys, die auf Grund ihrer genetischen Ausstattung oder starker Belastungen um die Zeit ihrer Geburt über einen zu geringen „Reizschutz" verfügen. Auf alle Reize müssen sie reagieren, auch wenn diese Reize zum wiederholten Male angeboten worden sind. Sie können sich einfach nicht an äußere Erregungen gewöhnen („habituieren"). Dieses Reagierenmüssen bedeutet für sie selbst und ihre Mütter eine extreme Belastung. Kein Wunder, dass dies die Babys sind, von denen die Mütter später berichten, sie hätten „nie geschlafen". Nun, zum Glück finden auch diese Babys ihr Schlafquantum, aber eigentlich nur, weil sie immer wieder erschöpft zusammenbrechen. Viele Eltern erleben sie als „Schreibabys" und können verständlicherweise überaus zornig auf sie werden, da „praktisch nichts hilft".

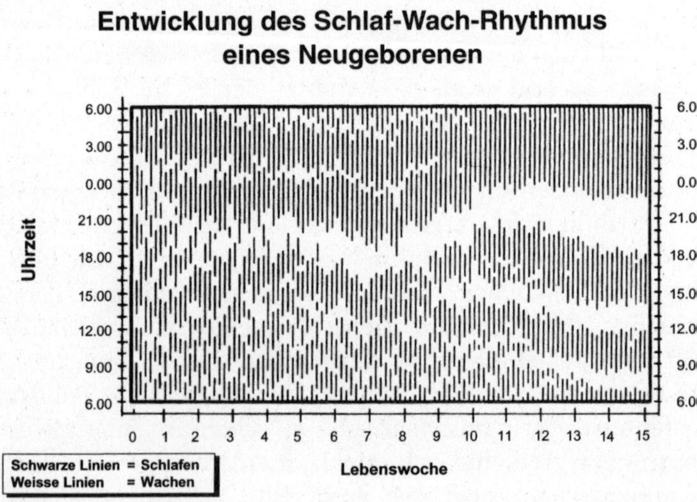

Abb. 8

Zwei Beobachtungen aus der Säuglingsforschung können sich heute segensreich für „Schreibabys" und ihre Familien auswirken. Zum einen ist es möglich, den Reizschutz von Säuglingen zu verbessern, wenn man es ihnen gestattet, in einem ruhigen Zimmer mit gedämpftem Licht ihr Bettchen zu finden. Außerdem profitieren sie davon, dass man sie auf möglichst wenigen Sinneskanälen gleichzeitig anspricht. Sprechen, Schaukeln, Füttern, das Licht-Anmachen und Einreiben mit einer gut riechenden Babycreme sind Botschaften an den Säugling, die er lieber nacheinander als gleichzeitig empfangen möchte. Er wird es mit einem der Mutter bis dahin fast unbekannten freundlichen Lächeln danken.

Die ersten drei Lebensmonate über sollte die Umwelt alles tun, was es der Mutter ermöglicht, die enge Beziehung zu ihrem Kind, wie sie bis zur Geburt durch die Nabelschnur physisch möglich war, nun auch psychisch zu entwickeln. Gelingt das, so entsteht etwas Wunderbares zwischen Mutter und Kind, von dem es lebenslang profitieren wird. Man nennt diese Beziehung die „frühe Bindung" (bonding) und versteht darunter so etwas wie die psychische Nabelschnur, die das Kind nun viel länger versorgen wird, als es die physische vermocht hat.

Mit 18 Monaten fangen Mutter und Kind an, die Belastung dieser Nabelschnur zu erproben. Das dauert wieder 18 Monate lang bis zum Ende des dritten Lebensjahres. Die „zweite Abnabelung" mit drei Jahren verläuft übrigens nach ganz ähnlichen Gesetzen wie die erste. Bei der ersten Abnabelung war das Durchtrennen der physischen Nabelschnur die Voraussetzung dafür, dass der Säugling seine eigene Atmung in Gang setzte. Bei der zweiten Abnabelung ist die Unterbrechung der Versorgung über die psychische Nabelschnur die Bedingung dafür, dass das Kleinkind autonom werden kann und nicht lebenslang von Trennungsängsten verfolgt wird.

Entwicklung eines Biorhythmus

am Beispiel der Körpertemperatur

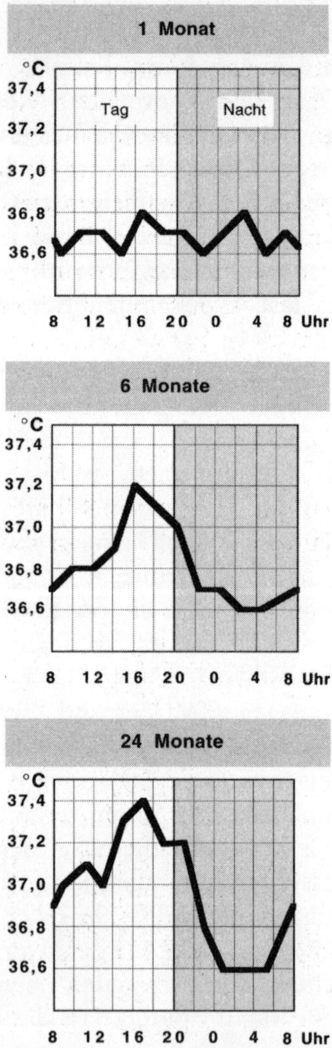

Abb. 9

Das Besondere bei der psychischen Nabelschnur ist nicht nur, dass sie gute drei Jahre halten muss, sondern vor allem, dass sie sich zwischen Mutter und Kind erst einmal aufbauen muss. Denn die Natur stellt lediglich eine bestimmte und zudem begrenzte Prägungszeit für die Entstehung der frühen Bindung zur Verfügung. Alles Weitere entspringt dem interessierten Miteinander von Mutter und Kind. Inzwischen wissen wir, dass auch Väter, so sie denn ausreichend Interesse an ihrem Säugling entwickeln, eine solche psychische Nabelschnur zu ihrem Kind entstehen lassen können – auch wenn sie naturgemäß nicht in der Lage sind, ihr Kind zu stillen! Wenn mehr Väter darum wüssten, würden sie vielleicht nicht so bereitwillig auf ihre Chance verzichten, ihrem Kind eine „primäre Väterlichkeit" mit auf den Weg zu geben!

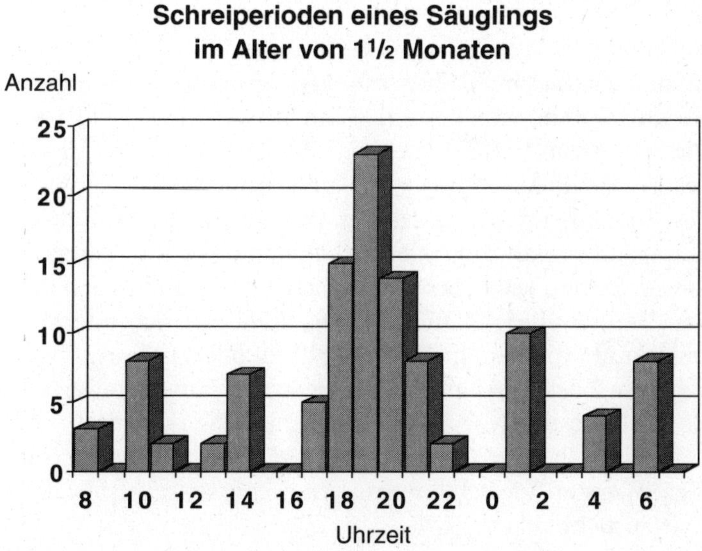

Abb. 10

Entwicklung der Selbständigkeit (Autonomie)

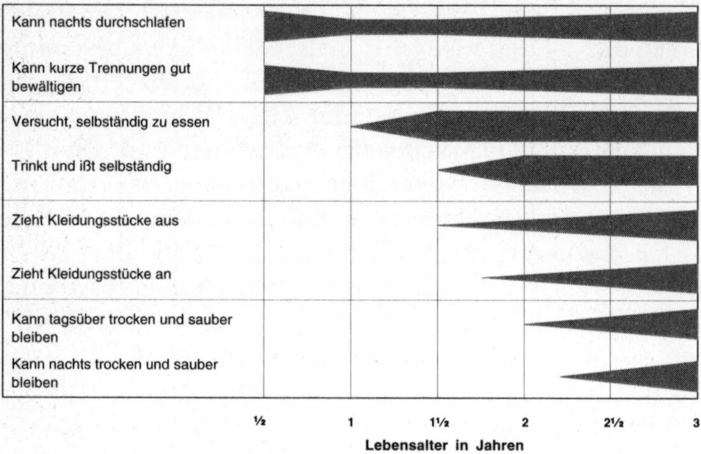

Abb. 11

In den ersten drei Lebensmonaten gedeiht die Schlafentwicklung dann am besten, wenn Mutter und Kind (oder Vater und Kind) alles von ihrer Umgebung einfordern, was ihnen friedliche Ruhephasen und fröhliche Wachphasen bescheren kann. Auch Mütter können in dieser Zeit die aufregende Erfahrung machen, dass sie wie ihre Säuglinge die genannten sechs Bewusstseinszustände durchleben können. Mütter sind genau so quengelig, weinerlich oder hellwach und durchaus nicht immer aktiv oder schläfrig. Wenn sie diese Zustände bei sich gut ertragen können, entwickeln sie auch ein tieferes Verständnis für ihre Säuglinge.

Es gibt ein paar Orientierungen, an die sich Mütter aus diesem ersten Vierteljahr erinnern, wenn sie gerne auf diese Zeit zurückblicken:

Schlafen, Träumen und Wachen in den ersten drei Lebensmonaten

1. *Die Wach- und Schlafzeiten sind noch nicht am Tag-Nacht-Rhythmus orientiert.*
2. *Die Schlafphasen dauern dreiviertel bis vier Stunden, können aber auch bereits länger sein.*
3. *Über vierundzwanzig Stunden verteilt sich die Schlafdauer von durchschnittlich 15 bis 16 Stunden mehr oder weniger gleichmäßig auf etwa sechs Schlafphasen.*
4. *In den Wachphasen ist der Säugling durchaus nicht nur hungrig, sondern auch neugierig, auf jeden Fall aber an liebevollem Hautkontakt und an erholsamem Rückzug interessiert.*
5. *Die Hälfte seines Schlafs verbringt ein Säugling in seinen Traumphasen, für die Mutter erkennbar am Augenrollen unter den geschlossenen Lidern und an seiner Mimik, die auf freudige, aber auch auf ängstigende Träume hindeuten kann.*
6. *Von Anfang an sollte die Mutter eine feste Zeit festlegen, zu der der Säugling seine Hauptmahlzeit über die Brust oder das Fläschchen bekommt. Das ist die Zeit, zu der die Mutter selber sich zum Schlafen niederlegen möchte, also zwischen 21 und 24 Uhr. Der einmal gewählte Zeitpunkt sollte auf jeden Fall eingehalten werden. Das fördert die Entstehung eines Schlafrhythmus' beim Kind und lässt die Mutter beruhigt einschlafen.*
7. *Nach dieser Nachtmahlzeit sollte ein Säugling möglichst nicht mehr geweckt werden. Wenn er quengelt, dann schafft er vielleicht nicht gleich das Abtauchen in den Tiefschlaf, wird sich aber bald*

beruhigen – es sei denn er hat Schmerzen oder ist zu sehr „aufgedreht“. Aber das erkennt die Mutter bereits tagsüber.

8. *Beim nächtlichen Wachwerden nicht gleich das Fläschchen oder die Brust geben. Streicheln, Kuscheln und ruhiges Reden entsprechen oft mehr dem, was der Säugling sucht.*
9. *Zögern Sie die Mahlzeit in den frühen Morgenstunden in kleinen Schritten immer mehr hinaus.*
10. *Echte Schlafstörungen (Akute lebensbedrohliche Ereignisse, plötzlicher Kindstod, Säuglingsapnoe, angeborenes zentrales Hypoventilationssyndrom, Schlafmyoklonien) sind extrem selten.*
11. *Der Vater sollte die Mutter nachts zumindest für zwei Nächte am Wochenende ersetzen, auf jeden Fall aber, wenn die Mutter beginnt, selber Schlafstörungen oder Erschöpfungsanzeichen zu entwickeln.*

5. Kapitel

Vom vierten bis zum zwölften Lebensmonat

Wenn Säuglinge vier Monate alt sind, dann haben sie einen großen Schritt in der Entwicklung eines festen Schlafwachrhythmus getan. Siebzig Prozent von ihnen schlafen nachts bereits mindestens acht Stunden am Stück. Am Tage machen sie noch drei Tagesschläfchen. Die meisten Eltern haben jetzt die anstrengendste Zeit hinter sich und rech-

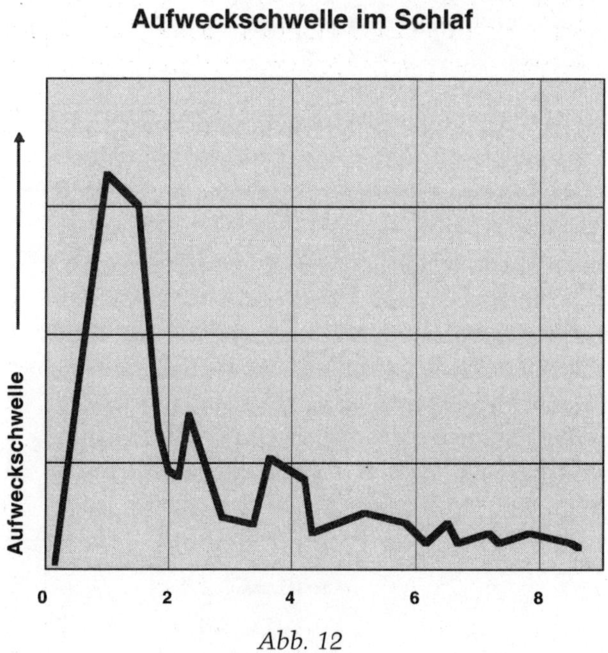

Abb. 12

nen damit, dass das Durchschlafen nun ein für alle Mal geschafft sei. Leider ist dem nicht so. Denn das Durchschlafenkönnen ist ein Wiedereinschlafenkönnen, und auch das Einschlafen am Abend ist nicht so leicht, wenn es am Tage zu aufregend war. Daher gibt es immer wieder kurze Perioden von Tagen oder höchstens ein bis zwei Wochen, in denen die alten Durchschlafprobleme wieder auftauchen können. Da ist zum einen das erste Zahnen mit sechs Monaten, bei einigen aber auch schon zwei Monate früher. Dann Krabbeln und Sitzen mit acht Monaten. In die Zeit vom achten bis elften Monat fällt ein großer Sprung in der Entwicklung der Fähigkeit, bekannte Personen zu bevorzugen und fremde eher abzulehnen. Als „Fremdeln" kennen das viele Mütter, und sie ahnen, dass es etwas mit Angst zu

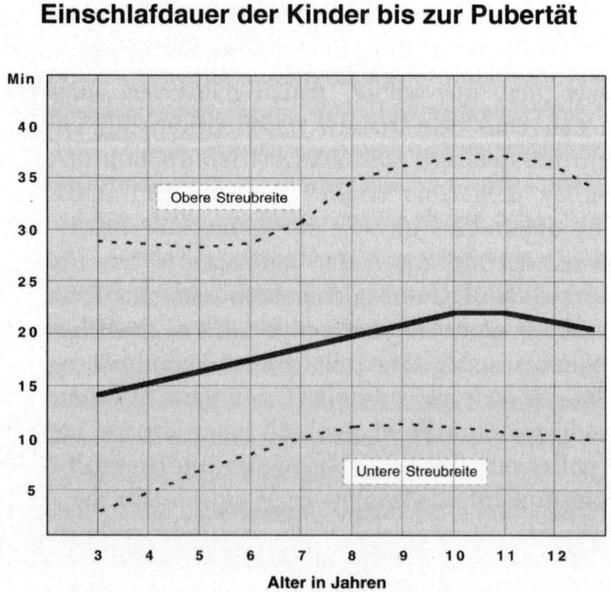

Abb. 13

tun haben muss. Wenn es dann mit zwölf Monaten zu laufen beginnt, kann es erstmals den sicheren Hafen der Nähe zu den Eltern aus eigener Initiative verlassen. Das ist verlockend und dann auch wieder ängstigend. Zu all diesen Zeitpunkten tendieren Säuglinge verstärkt dazu, mit Ein- und Durchschlafschwierigkeiten zu reagieren.

Es ist im gesamten ersten Lebensjahr bei solchen Schlafproblemen gut, nicht von „Schlafstörungen" zu sprechen. Das wäre genau so, als würde man von einem Kind, das mit acht Monaten zu fremdeln beginnt, sagen, dass es unter einer Fremdenangststörung litte.

Durchschlafen

Vor allem Mütter, die im ersten Lebensjahr ihres Kindes wieder mit ihrer außerhäusigen Berufstätigkeit beginnen müssen oder wollen, tendieren dazu, die ganz natürlicherweise immer wieder auftretenden Schlafunterbrechungen als Folge ihrer Abwesenheit am Tage anzusehen. Entsprechend widmen sie sich ihrem nachts aufwachenden Kind mit großem Einsatz, was die Sache erst zum Problem macht. Aber auch Mütter, die die Möglichkeit haben, sich tagsüber voll ihrem Kind zu widmen, rätseln Nacht für Nacht darüber, warum ihr Säugling noch nicht durchschläft.

Unsere „schlafhygienischen Orientierungen" basieren auf dem, was wir heute über die wichtigsten Gründe für Durchschlafbeeinträchtigungen im Säuglingsalter wissen:

- **Hunger.** Beim Neugeborenen ist das Nahrungsbedürfnis der häufigste Grund zu schreien, tags wie nachts. Aus Berichten über Säuglingsprobleme bei Müttern, die selber an Nahrungsmangel leiden, wissen wir, dass ein Säugling nicht durch Fruchtsaft oder gesüßtes Wasser getröstet werden kann, sondern ausschließlich durch Milch. Auch reicht ein langes Saugen nicht aus, das Hungergefühl

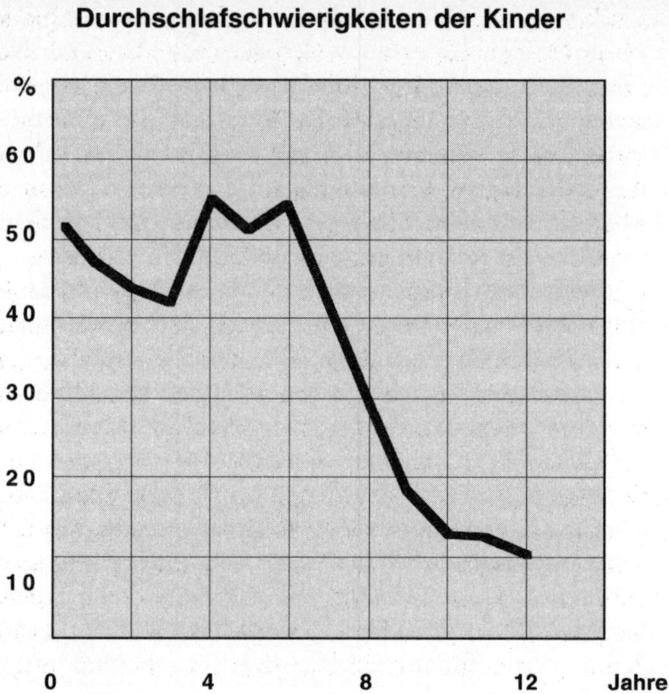

Abb. 14

zu reduzieren, sondern ausschließlich die Füllung des Magens. Vor allem das Schreien am Abend ist zumeist auf Hunger zurückzuführen. Nachts hingegen hat das Schreien nur in den ersten sechs Monaten noch die Signalfunktion für Hunger, dann nicht mehr.

- **Schmerzen.** Blähungen erzeugen Spannungsschmerzen des Darms, Luftansammlungen, wie sie beim Luftverschlucken oder infolge von Gasbildung im Darm entstehen. Das „Bäuerchen" nach dem Trinken ist eine Möglichkeit, dem vorzubeugen, eine andere ist die Umstellung der Nahrung auf nur solche Bestandteile, die das kindliche Enzymsystem bereits verdauen kann. Eine stillende Mutter, die selber viel Obst oder blähendes Gemüse isst, überfordert ihren Säugling mit seinem noch unfertigen Verdauungssystem. Im zweiten und vor allem im dritten Monat treten vermehrt „Koliken" auf, die die Ruhe am Tag und in der Nacht, vor allem aber in den Abendstunden erheblich stören können. Es ist fast unmöglich, diese „Dreimonatskoliken" zu erklären, geschweige denn ganz auszuschalten. Nur die Kuhmilcheiweiße können mit einiger Sicherheit als Störenfriede benannt werden. Da hilft es oft, dass der Säugling ganz auf Kuhmilch bis zum vierten Monat verzichtet oder auch die Mutter selber tagsüber ohne Kuhmilchprodukte auskommt. Zahnen mit roten Schwellungen des Zahnfleischs ab dem sechsten Monat oder Entzündungen des Mittelohres können schnell als Ursache für nächtliches Schreien ausgemacht werden. Nach unserer Erfahrung wird den Zähnen aber viel zu häufig die Schuld gegeben. Nicht das Zahnen selber macht Schmerzen, sondern die damit gelegentlich verbundene leichte Entzündung an den Durchtrittsstellen, die Sie bei einer Inspektion der Mundhöhle gut erkennen können. Ob dann die beliebten Zahnmittelchen überhaupt eine Wirkung tun, ist sehr fraglich. Wenn ein Säugling lange durchschreit und einen leichten Druck auf den äußeren Gehörgang mit Schreien beantwortet, sollten Sie an eine Mittelohrentzündung denken und einen Kinderarzt konsultieren. Schreien und Weinen werden oft nur mit Schmerzen und Hunger in Verbindung gebracht. Schreien bedeutet aber je nach Entwicklungsabschnitt etwas sehr Verschiedenes.

- **Unbehagen.** Schwitzen, Frieren, Nässe und Druck von zu engen Windeln können Durchschlafprobleme machen. Fieber, Hautreizungen (wie bei Neurodermitis), Atembeschwerden wegen einer verstopften Nase, Polypen, Asthma und unregelmäßiges Atmen (wie beim Apnoesyndrom) lassen Säuglinge nachts aufwachen, damit sie durch ärztliche Hilfe wieder genügend Sauerstoff bekommen. Leider nehmen die Fälle immer mehr zu, in denen Allergien den Schlaf der Kinder stören. Kuhmilch, Eier, Schokolade, Zitrusfrüchte, Lebensmittelzusätze wie Weinsäure oder Phosphate enthalten solche Allergene. Werden sie in der Nahrung der Mutter und des Kindes vermieden, so stellt sich oft innerhalb eines Tages bereits ein ruhiger Schlaf wieder ein. Solche Allergene entfalten auch ihre Wirkung tagsüber, so dass die Kinder unruhig sind und einige mit Kopfschmerzen, Bauchweh, Durchfall und Erbrechen reagieren. Alkohol, Nikotin, Koffein und Teein sind nicht nur bei der Mutter, sondern auch bei ihrem Säugling gefürchtete Schlafstörer.

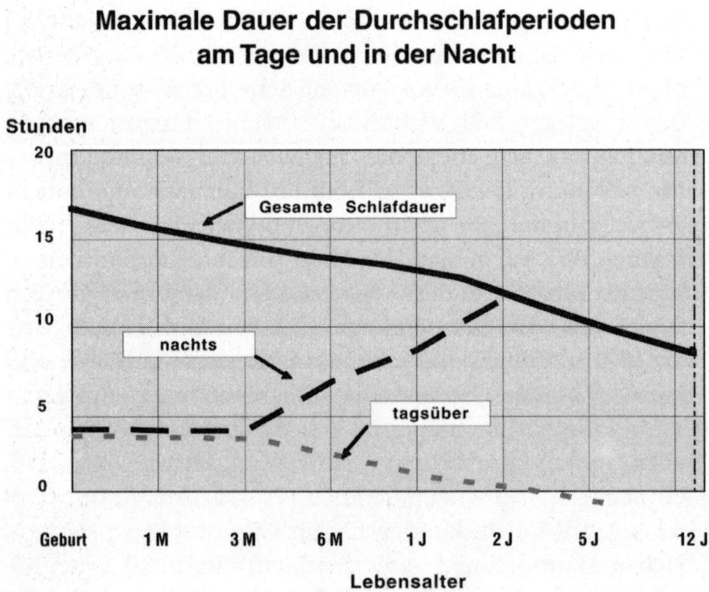

Abb. 15

- **Rhythmusstörung.** Nach einer inneren Gesetzmäßigkeit entwickelt sich von der 36. Schwangerschaftswoche an ein Schlafwachrhythmus, der natürlich allen möglichen Belastungen ausgesetzt wird, sobald ein Kind auf die Welt gekommen ist. Zum Glück lässt er sich nicht ganz durch Umwelteinflüsse außer Kraft setzen, auch wenn das manchen Eltern oft so vorkommen mag. Er kann aber durch nachhaltige Lernprozesse so gestört werden, dass es dann selbst einem Fachmann schwer fällt, noch sein Grundmuster zu erkennen. Denn erstens kann es einer Mutter schwer fallen, den inneren Rhythmus ihres Säuglings überhaupt zu erkennen und zweitens kann sie durch ihre Reaktionen auf Schlafprobleme regelrechte Konditionierungen von Schlafstörungen unterstützen. Die Wahrnehmung des inneren Rhythmus setzt voraus, dass eine Mutter ungestört von äußeren Zeitplänen und Erziehungsabsichten miterleben kann, wann ihr Säugling munter und wann er müde ist. Kann sie die Signale nicht richtig deuten, so wird sie allmählich immer mehr das Richtige zum falschen Zeitpunkt tun. Nach unserer Erfahrung ist es nicht hilfreich, einer solchen Mutter mangelndes Einfühlungsvermögen vorzuhalten, sondern vielmehr sie in ihrem Anspruch auf Schutz vor Belastungen der Außenwelt zu stützen.

Selbst bei depressiven, d.h. also seelisch kranken, Müttern haben wir beobachten können, wie ihre krankheitsbedingte Schwierigkeit, Signale ihrer Säuglinge zu erkennen und rechtzeitig zu beantworten, sich gebessert hat, wenn sie tagsüber von außen Unterstützung und emotionalen Zuspruch bekommen haben. In den meisten Fällen war eine zusätzliche Behandlung mit Johanniskraut erforderlich und sehr wirksam. Unflexible Vorstellungen darüber, was ein Säugling wann zu können habe, stören die empathische Wahrnehmung einer jungen und unerfahrenen Mutter ganz erheblich. Auch hier ist die erfolgreichste Methode die, eine

Mutter darin zu bestärken, nur auf den feinen Signalaustausch zwischen sich und ihrem Kind zu lauschen. Sollte diese Fähigkeit durch inzwischen aufgetretene Probleme überlagert worden sein, so hat es sich als hilfreich herausgestellt, der Mutter und ihrem Kind eine 14-tägige „Forschungsperiode" zu garantieren, in der sie sich zu einer beachtlichen Säuglingsbeobachterin entwickeln kann. Dafür sind Schlafprotokolle und kurzfristige, meist telefonische, Rücksprachemöglichkeiten mit der Kinderschlafambulanz oder einem engagierten Kinderarzt sehr geeignet.

Entwicklung des Schlaf-Wach-Rhythmus vom Säuglings- bis ins Erwachsenenalter

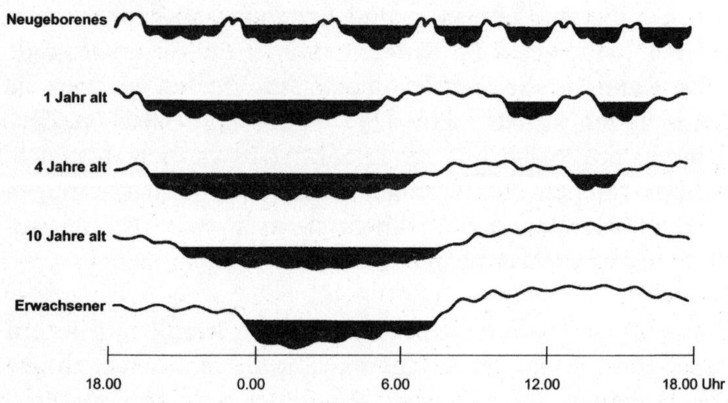

Abb. 16

Wenn eine Mutter – meist durch überfordernde kulturelle Vorstellungen geleitet – von ihrem Säugling bereits in den ersten Lebensmonaten ein separates Schlafen in seinem Bettchen, wo möglich gar in seinem eigenen Zimmer mit Babyphon, verlangt, wird sie mit dem harmonischen Reagieren auf die Leichtschlafperioden und sein Verlangen, wieder in den Schlaf geführt zu werden, größere Schwierigkeiten haben als eine Mutter, die zumindest in den ersten drei bis sechs Monaten ihr Kind im Bett neben sich schlafen lässt.

Die Angst, das Kind nachts zu erdrücken, ist in früheren Zeiten oft als Argument fürs frühe Alleineschlafen angeführt worden. Tatsächlich gibt es Berichte aus dem achtzehnten Jahrhundert, dass viele solcher Säuglinge von ihren Ammen im Schlaf erdrückt worden seien. Neue Schlaflabor-Studien zum Schlaf von Mutter und Kind haben jedoch gezeigt, dass die Natur eine Mutter nicht nur mit einer besonderen Bindungsbereitschaft an ihren Säugling in den ersten Lebensmonaten ausgestattet hat, sondern auch ein feines Signalsystem zur Verfügung stellt, mit dem Mutter und Säugling im Schlaf behutsam aufeinander reagieren, um größtmögliche Nähe und Schutz für den Säugling zu gewährleisten. Wahrscheinlich waren die von Ammen erstickten Säuglinge wirklich in hohem Maße gefährdet, da sich zwischen ihnen dieses biologisch verankerte Warnsystem nicht hatte ausbilden können.

Die häufigsten Ursachen für „hausgemachte Durchschlafprobleme" aber stellen die Lernerfahrungen dar, die ein Säugling macht, wenn er aus dem Leichtschlaf für kurze Zeit aufwacht – und das geschieht mindestens vier- bis fünfmal in der Nacht. Wenn er dann gefüttert wird, so wird er für das Wachwerden belohnt. Ähnliches geschieht, wenn für ihn Aufwachen bedeutet, auf intensive Kommunikation mit der Mutter oder dem Vater (und seien sie noch so unwirsch, weil übernächtigt) hoffen zu können. Schließlich trägt die weit verbreitete Sitte der wechselnden Schlafplätze zu Durchschlafproblemen bei. So schlafen viele Säuglinge abends auf dem Sofa oder im Bett mit der Mutter ein, oder aber sie dürfen beim abendlichen Besuch bei Freunden „schon dabei sein". Wenn sie nachts aufwachen, finden sie sich in einer gänzlich anderen Umgebung wieder als zum Zeitpunkt des Einschlafens.

In unserer Kinderschlafambulanz haben wir einen Säugling sehr kontakthungriger Eltern mit schweren chronischen Durchschlafproblemen kennen gelernt, der bereits im ersten Lebensmonat ein „Nomadenleben" begonnen hatte. Er hatte in einer Woche vierzehn verschiedene Ein- und Durchschlafplätze – was übrigens wirkliche Nomaden ihren Säuglingen nicht abverlangen ...

Besondere Rhythmusprobleme zeigen Frühgeborene – nicht nur tagsüber, sondern auch in der Nacht. Hier kommt der mütterlichen Feinfühligkeit gegenüber den Bedürfnissen ihres Säuglings eine ganz besondere Bedeutung zu. Oft müssen die Mütter sich noch Monate nach der Geburt darauf einstellen, dass ihr Kind sich wenig um Tag und Nacht oder um die Schlafbedürfnisse der Eltern kümmert. Brutkastenatmosphäre, erhöhte Reizbarkeit des Nervensystems und mangelnde frühe Bindungserfahrung zwischen Mutter und Kind erschweren es beiden Seiten, eine gemeinsame Verständigung zu finden. Die moderne Kinderheilkunde versucht, diesem Problem zu begegnen, indem sie so früh wie irgend möglich den Kontakt zwischen Mutter und Kind fördert und mit Recht der Mutter Hoffnung macht, dass sie langfristig nicht mit überdurchschnittlich häufigen Durchschlafproblemen bei ihrem Kind rechnen muss.

Mit 6 Monaten finden sich noch etwa siebzehn Prozent der Säuglinge, die nachts nicht durchschlafen können. Sie sollten spätestens jetzt von ihren Eltern ein paar Hilfestellungen bekommen. Langzeituntersuchungen haben gezeigt, dass ab dem sechsten Monat Durchschlafprobleme chronisch werden können, aber nicht, weil der Säugling dann als „gestört" anzusehen ist, sondern weil eine Reihe von Bedingungen vorliegen, die es auch dem gesundesten Säugling schwer machen würden, regelmäßig durchzuschlafen.

Am häufigsten finden sich Durchschlafprobleme in diesem Alter bei Kindern, die längere Zeit krank gewesen sind. Sie verdienen dann einfach noch ein paar Monate Nachholzeit.

Am zweithäufigsten liegen die Ursachen in einer zu geringen Beachtung der „schlafhygienischen Orientierungen, wie sie sich in unserer Kinderschlafambulanz als sehr sinnvoll erwiesen haben.

An dritter Stelle folgen solche Ursachen, die auf Schwierigkeiten der Eltern zurückzuführen sind, ihr Kind seinen eigenen Zugang zum Schlaf finden zu lassen. Diese Eltern haben Angst, sie könnten ihr Kind zu früh alleine lassen und nehmen es immer wieder von seinem Einschlafplatz zu sich ins Bett oder aber sie verstehen das nächtliche Rufen und Weinen ihres Säuglings als Signal für Hunger. Eigenc Erinnerungen an mangelnde Umsorgung in ihrer Kindheit, aber auch aktuelle Verlassenheitsgefühle der Eltern halten sie nachts in ständiger Habachtstellung, so dass sie es dem Säugling schwer machen, nach kurzer Schlafunterbrechung von selbst wieder seinen Schlaf zu finden.

Stillen

Bei Säuglingen, die gestillt werden, sind Schlafunterbrechungen häufiger. Die meisten Mütter wissen darum, schlafen mit ihrem Kind in einem gemeinsamen Bett und können gut mit dem Problem fertig werden. Sie nehmen den Schlafverlust von mehreren Stunden pro Nacht in Kauf und tolerieren ihre erhöhte Tagesmüdigkeit ein paar Monate lang. Sie sollten sich nicht – jedenfalls nicht innerhalb der ersten sechs Monate – durch wohlmeinende Abstillempfehlungen anderer irritieren lassen. Denn solange sie stillen, erleben sie eine Nähe und Vertrautheit mit ihrem Kind, auf die sie zurecht nur ungerne verzichten würden.

Vor- und Nachteile des Stillens

	Muttermilch	Flaschenernährung
Ernährung		
Abstimmung auf benötigte Nährstoffe und Energie sowie auf Darm- und Nierenfunktion des Säuglings	optimal	schlechter
Gehalt an Abwehrstoffen gegen Krankheitserreger	optimal	völlig fehlend
Gehalt an Keimen	niedrig	evtl. hoch
Verfügbarkeit	jederzeit	abh. von zivilisatorischen Voraussetzungen
Säugling		
Allergisierung des Säuglings gegen Kuhmilch	nicht möglich	möglich
Infektanfälligkeit während des ersten Lebensjahres	geringer	höher
Schlafqualität und Wachheit des Säuglings	ungestört	leichter gestört
Aufbau einer sicheren Bindung zur Entwicklung einer psychischen Stabilität des Kindes	begünstigt	für Mutter und Kind schwieriger
Mutter		
Durchschlafen der Mutter	oft erst nach Abstillen möglich	früher ungestört möglich
Schlafqualität und Wachheit der Mutter am Tage	meist ungestört, gefährdet bei schlaflabilen Müttern	ungestört, wenn die Mutter sich auslösen lassen kann
Risiko einer Erschöpfungsdepression bei chronischen Schlafstörungen der Mutter	erhöht	geringer
gesellschaftliche Akzeptanz, „Mutterbild"	abbhängig von Kultur- und Zeitströmungen	abhängig von Kultur- und Zeitströmungn
Expertenmeinung		
Empfehlungen von Kinderärzten, Hebammen und Psychologen in den ersten Lebensmonaten	überwiegend für das Stillen	eher gegen frühzeitige Flaschenernährung
Vorteile für Mutter und Kind nach dem sechsten Monat	nicht mehr gegeben	gegeben
Empfehlung des Autors nach schlafmedizinischen und schlafpsychologischen Gesichtspunkten	wenn irgend möglich bis mindestens zum sechsten Monat	nur ersatzweise und zur Vorbereitung des Abstillens

Die Auffasung, dass Mütter wenn irgend möglich ihre Neugeborenen und Säuglinge stillen sollten, wird heute von den meisten Ärzten, Hebammen und Psychologen vertreten. Sie wäre im achtzehnten Jahrhundert gerade von Frauen der höheren sozialen Schichten durchaus nicht geteilt worden. Dem entsprach damals eine völlig andere Vorstellung von dem, was Säuglinge für ihr körperliches und seelisches Wohlergehen benötigten. Im vorrevolutionären Frankreich, also gegen Ende des achzehnten Jahrhunderts, wurden in Paris höchstens zehn Prozent der Säuglinge zu Hause von der Mutter oder von einer Amme gestillt. Neunzig Prozent wurden zu Stillammen aufs Land fortgegeben, damit die Mütter ihren gesellschaftlichen Verpflichtungen bald nach der Niederkunft wieder nachgehen konnten. Erst mit Beginn des 19. Jahrhunderts änderte sich diese Auffassung auch bei den Frauen in den bürgerlichen Schichten, so dass zu Ende des 19. Jahrhunderts bereits jede zweite Mutter der Meinung war, es wäre für ihr Kind besser, wenn es von ihr gestillt würde.

Nun hatten Mütter sich immer mehr zu rechtfertigen, warum sie nicht stillten. Denn das Stillen war die zentrale Eigenschaft der idealen Mutter geworden, wie sie in der Figur der Renee de l'Estorade in Balzacs Roman „Zwei Frauen" geschildert wird: „Das kleine Wesen nahm die Brust und sog: fiat lux! Ich war Mutter. Da war das Glück, die Freude, eine unversiegliche Freude, wenngleich nicht frei von körperlichen Schmerzen … Es gibt keine Liebkosung des Geliebten, die derjenigen der kleinen rosa Händchen gleichkäme, wenn sie so zart umhergleiten." Balzacs mitgeteilte Beobachtung geht auf eine Erfahrung stillender Mütter zurück, die auch heute noch als ein Tabu gehandhabt wird. Denn ihr Kind heißt in diesem Alter nicht nur deshalb „Säugling", weil es fast alle Nahrung über das Saugen an der Brust aufnimmt, sondern auch, weil es das Saugen ist, das dazu beiträgt, dass die Mutter die Nähe zu ihrem Kind mit eigenen sehr angenehmen Körpergefühlen verbindet.

Grund dafür ist unter anderem ein Hormon (Oxytocin), das bei der Stimulation der Brustwarzen ausgeschüttet wird. Vielleicht liegt es daran, dass es viele Mütter gibt, die ihren Wunsch weiterzustillen mit Schamgefühlen verbinden ...

Die Entscheidung, nach der Geburt zu stillen oder nach Ablauf der ersten Monate weiterzustillen, wird von den meisten Müttern heute nach eher rationalen Kriterien diskutiert. Aber sie wird – wie vieles, was sich psychisch zwischen Mutter und Kind abspielt – dann meist nicht nach solchen vernunftsorientierten Gesichtspunkten gefällt. Zu sehr hängt die Gewichtung der einzelnen Argumente von der Persönlichkeit der Mutter, ihrer sozialen und kulturellen Einbindung, vor allem aber davon ab, was sie glaubt, ihrem Säugling geben zu müssen oder vorenthalten zu dürfen. Dabei ist die (wissenschaftlich unhaltbare) Vorstellung, das Stillen behindere die Selbständigkeitsentwicklung des Kindes, zum Glück nur noch selten anzutreffen.

Da stillende Mütter häufiger am Durchschlafen gehindert werden als Mütter, die Ihren Säugling mit dem Fläschchen ernähren, tut Aufklärung not. Denn auch stillende Mütter können dazu beitragen, die Durchschlafzeit bei sich und ihrem Kind zu verlängern. Drei Schritte führen unserer Erfahrung nach in der Regel zum Erfolg:

1. Geben Sie Ihrem Kind noch eine Nachtmahlzeit dann, wenn Sie selbst zu Bett gehen. Warten Sie nicht, bis Sie nach dem Einschlafen von Ihrem Kind wieder geweckt werden. „Jonglieren" Sie diesen Zeitpunkt (10 Minuten pro Tag) immer mehr in Richtung Abendmahlzeit, bis beide Zeitpunkte zusammenfallen. Der Erfolg tritt spätestens nach ein bis zwei Wochen ein. Achten Sie darauf, dass Ihr Kind, wenn es nachts wach wird, sehr viel Hautkontakt erlebt, ein Gefühl der Nähe, das oft ausreicht, damit es wieder in seinen Schlaf sinken kann. Denn spätestens ab dem siebten Monat ist es nicht mehr die Nah-

rung, die der Säugling nachts sucht, sondern die Vergewisserung, dass er mit seinem eigenen Schlafprogramm fortfahren kann. Jonglieren Sie dann die Mahlzeit in den frühen Morgenstunden stufenweise (ebenfalls in Zehn-Minuten-Schritten pro Nacht) bis hin zum Zeitpunkt Ihres regulären Aufstehens. Haben Sie keine Angst, dass Ihr Kind dann hungern müsste. Das gilt auf jeden Fall für Säuglinge jenseits des sechsten Lebensmonats.

2. Zeigen Sie Ihrem Kind früh, dass das Gefühl, geborgen zu sein und gehalten zu werden, nicht identisch ist mit dem Erleben, satt zu werden. Einschlafenkönnen ohne gefüttert zu werden, diese Begabung bringen die Säuglinge mit auf die Welt. Dass beides später miteinander verknüpft wird, ist die Folge einer Lerngeschichte zwischen Mutter und Kind, zu der die Mutter aus gut verstehbaren Gründen sehr viel beiträgt. Jenseits des sechsten Monats kann ein Säugling gut ohne eine einzige Nachtmahlzeit auskommen, wenn er tagsüber satt geworden ist. Stillen Sie Ihr Kind tagsüber möglichst dann, wenn es sehr wach ist, und helfen Sie ihm in den Schlaf, ohne ihm die Brust zu reichen!
   Verkürzen Sie die Zeit des Anlegens nachts Schritt für Schritt (Minute für Minute pro Nacht), und warten Sie mit dem Ablegen nicht, bis das Kind aufhört zu saugen. Bei dieser Aufgabe beider Eltern, dem Säugling seine zwei Formen des Lustgewinns (Gefüttertwerden und Näheerleben) zu erhalten, können die Väter eine wichtige Funktion erfüllen. Zugleich verbessern sie damit ihre eigene Chance, als Väter dem Säugling die Flasche geben zu können, wenn es ums Abstillen geht.

3. Beginnen Sie mit dem Abstillen tagsüber, indem Sie eine Mahlzeit nach der anderen durch ein Fläschchen oder später auch durch feste Nahrung ersetzen. Kürzere An-

legezeiten und abnehmende Fläschchenfüllungen bei den Zwischenmahlzeiten führen allmählich dazu, dass der Säugling mit drei Hauptmahlzeiten und zwei Zwischenmahlzeiten am Tage satt wird. Wenn man die Beobachtung, dass Durchschlafstörungen eigentlich Wiedereinschlafstörungen sind, ernst nimmt, dann folgt daraus, dass Kinder, die nicht durchschlafen können, besondere Hilfe beim Erlernen des Einschlafens brauchen. Einschlafrituale, zeitliche Trennung von Füttern und Einschlafen und die Beachtung des richtigen Einschlafzeitpunkts können innerhalb von zwei Wochen die meisten Durchschlafprobleme lösen, ohne dass sich die Eltern für die Nacht selbst besondere Kunstgriffe aneignen müssen.

Viele stillende Mütter neigen dazu, das Durchschlafproblem ihres Säuglings alleine auf das Stillen zurückzuführen und bedenken eventuell nicht, dass sie mit einer sorgfältigeren Beachtung schlafhygienischer Orientierungen auch als stillende Mütter schon früh ruhige Durchschlafnächte erleben könnten.

Über den sinnvollen Zeitpunkt des Abstillens gibt es fast in jeder Familie lange Diskussionen. Nach unserer Erfahrung sollte man die Entscheidung über diesen Zeitpunkt alleine Mutter und Kind überlassen. Der Spielraum zwischen dem sechsten und dem zwölften Lebensmonat reicht als Orientierung in fast allen Fällen völlig aus. Wir haben aber auch Mutter-Kind-Paare gesehen, die bei einem Abstillzeitpunkt wenige Tage nach der Geburt oder jenseits des zweiten Lebensjahres überwiegend ruhige Durchschlafnächte erleben durften.

In die zweite Hälfte des ersten Lebensjahres fallen für das Kind wichtige und zumeist aufregende Ereignisse. Dazu gehören das Krabbeln, das Laufenlernen und erste Reisen mit Übernachtung in fremder Umgebung. In dieser Zeit ereignen sich auch intensive Beschäftigungen mit Trennung,

Neugier und Rückversicherung über die Verfügbarkeit der Mutter. Um den zwölften Lebensmonat herum beginnen viele Säuglinge, die ersten Worte zu sprechen, was zumeist erstaunte Aufmerksamkeit auf die Einjährigen zieht – oft mehr Aumerksamkeit, als sie bis dahin bekommen haben. Denn für viele Eltern wird ein Säugling erst dann „ein richtiger Mensch", wenn er sprechen kann. In dieser Zeit lernen fast alle Säuglinge durchzuschlafen und dies, auch ohne nachts noch gefüttert zu werden.

Säuglingen, die jenseits des sechsten Lebensmonats noch nicht durchschlafen können, sollten die Eltern viel Aufmersamkeit schenken, um herauszufinden, was dahinter stecken könnte. Denn ein großer Teil von ihnen beginnt nun eine lange Karriere als Schlafproblem-Kind, überwiegend deswegen, weil Durchschlafschwierigkeiten durch ungünstige Reaktionen der Eltern allmählich chronisch werden.

Wir haben mit der **„Freiburger Sanduhr-Methode"**, wie sie im sechsten Kapitel dieses Buches geschildert wird, sehr gute Erfahrungen gemacht, solche Durchschlafprobleme bei Kindern jenseits des zwölften Lebensmonats innerhalb weniger Tage zu lösen. Ebenso entspricht es unserer Erfahrung aus vielen Jahren Kinderschlafambulanz, dass fast alle Durchschlafschwierigkeiten zwischen dem sechsten und zwölften Lebensmonat durch sorgfältige Beachtung der „schlafhygienischen Orientierungen" bewältigt werden können. Wir halten es daher für falsch, im Säuglingsalter bereits Kindern und Eltern eine Einschlafmethode abzuverlangen, die jenseits des 12. Lebensmonats so erfolgreich ist. Die Methode der „inneren Abhärtung" gegen das Rufen geht zurück auf eine Empfehlung des amerikanischen Kinderarztes Richard Ferber aus dem Jahre 1985. Diese Methode geht von der völlig richtigen Beobachtung aus, dass viele Kinder gar nicht lernen, sich in ihren Schlaf fallen zu lassen, weil ihre besorgten Eltern zu früh eingreifen. Aber beruhigt kann ein Kind nur dann einschlafen, wenn es damit rechnen kann, dass die Mutter auch wiederkommen kann. Diese Fähigkeit aber besitzt ein Kind frühestens am Ende der Säuglingszeit, wenn die Trennungsentwicklung begonnen hat.

Daher empfehlen wir die „Freiburger Sanduhr-Methode" zum Erlernen des Einschlafens nur dann für Kleinkinder, wenn sie tagsüber bereits über ausreichende Fähigkeiten verfügen, sich von ihren Müttern zu trennen und, was noch wichtiger ist, sich selber zu trösten, wenn die Mütter herbeigesehnt werden, aber nicht erreichbar sind. Die Säuglingsforscher haben das Sich-Selber-Beruhigen-Können als das entscheidende Zeichen dafür ausgemacht, dass das Kind schon über die Fähigkeit verfügt, sich die abwesende Mutter in einem inneren Bild vor Augen zu führen. Ist diese „innere emotionale Objektkonstanz" erreicht – und das kann eine Mutter nur am Tage feststellen –, dann ist die Anwendung der „Freiburger Sanduhr-Methode" lediglich als Trennungsübung anzusehen und stellt für das Kind keine Überforderung mehr da.

Dass bereits Säuglinge mit der strikten Anwendung einer vergleichbaren Variante dieser Methode nach vier Tagen alleine einschlafen können, wie es von anderen Autoren berichtet wird, ist kein Beweis dafür, dass die Methode adäquat sei. Denn es gehört zu den bedenkenswerten Erkenntnissen der Säuglingsforschung, dass Säuglinge sich bereits von den ersten Lebenswochen an lernend an die Forderungen ihrer Umwelt anpassen können, auch wenn diese Anpassung sie entwicklungspsychologisch überfordert.

Eltern, die die Sanduhr-Methode zur Rettung ihrer Abende anwenden, sind durchaus keine „bequemen Eltern", die vor allem an sich denken. Indem sie beherzt ihrem Kind früh seine Grenzen und Bewältigungsmöglichkeiten zeigen, fördern sie sogar die Entwicklung einer „sicheren Bindung" des Kindes. Sie tragen dazu bei, dass ihr Kind nicht mit einer „ambivalenten Bindung" (denn Kinder spüren auch den unterdrückten Ärger der „genervten" Mütter sehr genau!) ins Leben treten muss, die die Grundlage schwerer psychischer Fehlentwicklungen sein kann. Wie kann man das verstehen?

Dazu muss man etwas von den aufregenden Forschungen erzählen, mit denen Forscher wie die amerikanische Entwicklungspsychologin Mary Ainsworth, eine Schülerin des berühmten englischen Kinderarztes John Bowlby, vor über zwanzig Jahren begonnen haben, das Bindungsverhalten („attachment") von Säuglingen und Kleinkindern zu untersuchen.

Mary Ainsworth hat Hunderte von Säuglingen und Kleinkindern im Alter zwischen zwölf und achzehn Lebensmonaten in der von ihr konstruierten „strange situation" (Fremde-Situation) untersucht und daraus deren Bindungsstatus bestimmt. Ihre Nachfolger haben inzwischen in Längsschnittstudien herausgefunden, dass dieser Bindungsstatus Vorhersagen für psychische Probleme und Verhaltensstörungen im Kindesalter zulässt. 68 % der Kinder dieses Alters können als „sicher gebunden", 20 % als „vermeidend gebunden" und 12 % als „ambivalent gebunden" angesehen werden. Jedes dritte Kind tritt also in die Kindheit ein ohne die tragende Gewissheit, über den inneren Hafen einer sicheren Bindung zu verfügen. Seit wir diese Zahlen kennen und seit wir wissen, was dazu führen kann, dass Kindern das Geschenk einer lebenslangen sicheren Bindung vorenthalten bleibt, sind wir viel vorsichtiger gegenüber Eltern geworden mit Ratschlägen, die schnell als Kritik verstanden werden können. Wir konzentrieren uns heute mehr darauf, Eltern zu helfen, dass sie intensives Interesse an ihren Sprösslingen entwickeln können und sich die Freude an ihren Kindern erhalten. Daher ist es so wichtig, ihnen Wege aus den schwierigen Situationen zu zeigen, die chronische Ein- und Durchschlafstörungen eines Kindes darstellen. Die Liebe zu ihrem Kind und ein gut nachvollziehbares Maß an Wut,

Enttäuschung, ja Hass, bilden jene unverträgliche Gefühlsmischung, die zu einer „ambivalenten Bindung" zwischen Mutter und Kind führt. So ist es zu verstehen, warum Eltern, die entschlossen mit dieser zermürbenden gegenseitigen Quälerei Schluss machen, letztlich dafür sorgen, dass ihr Kind von einer prägenden Erfahrung einer beide Seiten überfordernden („ambivalenten") Bindung verschont bleibt.

Der Schlaf der Säuglinge und ihrer Eltern

(vierter bis zwölfter Lebensmonat)

1. *Jetzt beginnt Ihr Kind, nachts länger zu schlafen als tagsüber. Wenn es dabei unruhig erscheint, schaukelt, mit dem Kopf wackelt oder gar den Kopf rhythmisch anschlägt, dann ist das im ersten und zweiten Lebensjahr kein Grund zur Beunruhigung. Mindestens jedes zweite Kind zeigt auf diese Weise, dass sein Nervensystem noch reifen muss, damit es im Schlaf für motorische Ruhe sorgen kann.*
2. *Fünfzehn Stunden Schlafzeit verteilen sich (bei 70 % aller Kinder) auf einen langen Nachtschlaf und zwei Tagesschläfchen, eines am Vormittag, eines am Nachmittag. Der daraus abzuleitende Schlaf-Wachrhythmus sollte von den Eltern erforscht und dann sorgsam eingehalten werden. Es ist unsinnig und zumeist mit der Entwicklung von Einschlafproblemen verbunden, wenn Eltern versuchen, ihrem Kind einen „eigenen" Rhythmus beizubringen.*
3. *In die zweite Hälfte des ersten Lebensjahrs fallen viele „aufregende Ereignisse": Zahnen, Krabbeln, Laufen, Sprechen und Trennungsangst mit „Fremdeln". Daher kommt es immer wieder zu Durch-*

schlafproblemen, die sich nach ein paar Tagen wieder legen. Die durchbrechenden Zähne machen selten mehr als zwei Nächte hintereinander Schmerzen!

4. *Die häufigsten Gründe für Durchschlafprobleme gesunder Kinder in diesem Alter sind – abgesehen von den „aufregenden Ereignissen" –: Mangelnde Schlafhygiene, „Rechenfehler" der schlafbedürftigen Eltern, die in den frühen Morgenstunden nur ungern akzeptieren mögen, dass ihr Kind schon genug Schlaf bekommen hat …!, ferner Hunger, Schmerzen (Ohrenschmerzen), Unbehagen und Rhythmusstörungen. Bei einigen Kindern ist es der Vollmond, der sie nachts wach hält. Am Ende des ersten Lebensjahres können mehr als 90 % aller Säuglinge durchschlafen.*
5. *Stillen ist für Mutter und Kind eine wichtige Erfahrung, die das Kind vor allem in den ersten sechs Monaten gegen Infektionskrankheiten schützt und beim Kind ein sicheres Bindungsgefühl fördert, das ihm lebenslang einen Zugang zu innerer Geborgenheit eröffnet.*
6. *Ab dem vierten Monat nimmt die Neugier eines Säuglings an der Welt sprunghaft zu. Daraus resultiert eine häufigere Unterbrechung der trauten Stillstunden, oft enttäuschend für die Mütter. Dies ist der Moment der zweiten Abnabelung, der „psychischen Geburt des Menschen". Ein Grund, ein erstes Fest der Selbständigkeit zu feiern, gemischt aus Traurigkeit und Freude wie alle Selbständigkeitsfeste, die noch folgen werden.*
7. *Ab dem vierten Lebensmonat verträgt Ihr Kind feste Nahrung zusätzlich zur Milch. Das Breichen am Abend, nicht als Nachtmahlzeit, erhöht zudem die Chance des Durchschlafens.*

8. *Bei der Entscheidung, ob Sie Ihr Kind mit in Ihr Bett nehmen oder nicht, gehen Sie ausschließlich von Ihren Bedürfnissen und Ihrer intuitiven Vorstellung darüber aus, was Ihr Kind braucht! Erst wenn Schlafprobleme auftauchen, suchen Sie Rat bei anderen! Nicht umgekehrt!*
19. *Ab dem vierten Monat können die allermeisten Säuglinge nachts am Stück acht bis zwölf Stunden durchschlafen. Dabei müssen sie alle vier Stunden von sich aus wieder in den Schlaf finden. Ihr Weinen und Schreien in dieser Zwischenphase, die unbedingt eine Antwort der Mutter benötigen, bedeuten nicht Hunger, sondern Suche nach Sicherheit – wie beim abendlichen Einschlafen. Werden Säuglinge dann gefüttert, so „erlernen" sie ihre ersten Durchschlafprobleme. Daraus folgt: Nicht Schreienlassen! Wieder-Einschlafen üben gerade so, wie Sie es am Abend gehalten haben – ohne zu füttern!*
10. *Spätestens ab dem vierten Monat sollte die chronisch übermüdete Mutter streng darauf achten, dass sie mit Unterstützung eines Zweiten (des Vaters z. B. am Wochenende), der sie immer wieder für mindestens zwei Nächte vertreten kann, wieder genügend ungestörten Tiefschlaf findet. Naps am Tage können gegen chronische Übermüdung und Depressivität Wunder wirken. Daher lohnt es sich für Mütter wie Väter, tagsüber die Nap-Technik zu üben, während ihr Kind noch das Schlafen lernen muss.*

6. Kapitel

Die Kleinkindzeit
(zweites und drittes Lebensjahr)

Zu Beginn des zweiten Lebensjahrs können die meisten Kinder gehen, einige sogar schon sprechen und fast alle alleine spielen. Die Eltern strahlen über ihre „Wonneproppen" und verkünden immer wieder und überall, was sie schon alles können. Viele Eltern haben zu diesem Zeitpunkt längst vergessen, wieviele Nächte sie durchwacht haben und wie übermüdet sie über lange Zeit gewesen sind. In ein paar Jahren werden sie voller Überzeugung erzählen, ihr Kind habe „von Anfang an durchgeschlafen". Die Kleinkinder haben bei ihren Eltern einen Bonus, der ab und zu lediglich von den Trotz- und Wutanfällen, die vor allem im zweiten und dritten Lebensjahr auftreten, geschmälert wird. Sie wollen ihre neue Freiheit, die ihnen das Laufenlernen beschert, auskosten und übernehmen sich dabei leicht in ihren kühnen Aufständen gegen die Gesetze der Schwerkraft. Sie reagieren wütend, wenn sie ihre Ausflugsziele nicht gleich erreichen können und lassen sich nur ungern dabei helfen.

Da ist es nicht erstaunlich, wenn sie in den Nächten (zumeist in der zweiten Nachthälfte) dieser Wochen und Monate alle vier Stunden wach werden und laut nach den Eltern schreien oder aber aus Alpträumen hochschrecken. Das lässt die Eltern Übles ahnen, hatte ihr Kind doch nach dem sechsten Lebensmonat so gut durchgeschlafen. Während dieser Zeit wirkt ihr Kind nur wenig ausgeglichen, ja, mitunter richtig mürrisch – ein Hinweis darauf, dass die emotionale und die motorische Entwicklung eng miteinander verknüpft sind. Die einfühlsame Beobachtung der Kleinkinder im Trotzalter kann uns Erwachsene lehren, warum uns Missstimmungen aufsuchen, wenn uns motorische Betätigungen fehlen.

Das Gehenkönnen bringt ein Kind in die erste schwierige Konfliktsituation seines Lebens: Es will gehen und muss sich dabei trennen lernen. Es soll auf Wunsch der Eltern zeigen, wie gut es schon gehen kann, und dabei will es doch alles alleine machen. Die Entscheidung gelingt ihm nicht so schnell, wie es will, und es bricht wütend in Tränen aus oder wirft sich gar auf den Boden. Leider machen viele Eltern diese Szenen zu ihrer Sache und glauben, erzieherisch korrigieren zu müssen („Früh zeigen, wo es lang geht!"). Einige Eltern resignieren und geben schließlich alle Anforderungen an ihr Kind auf („Es macht ja doch, was es will!"). Dadurch wird alles nur noch schlimmer! Denn das Kind hat in erster Linie gar keinen Konflikt mit den Eltern. Es ficht vielmehr einen Kampf in seinem Inneren aus, der viel Kraft kostet – bis zur Erschöpfung. Trotzige Wutanfälle, die überdies auch noch häufig peinlicherweise in aller Öffentlichkeit passieren, sollten Eltern nicht zum Eingreifen bewegen; eher sollten sie als die Souveräneren die Bühne der großen Auftritte bald verlassen („time-out") und erst dann zurückkehren, wenn ihr Kind sich wieder beruhigt hat.

Mit diesen frühen Autonomiebestrebungen hängt es auch zusammen, dass sich Kinder nicht mehr gerne von jedermann anfassen lassen wollen. Der Höhepunkt des „Fremdelns" liegt übrigens zwischen dem achten und dem zwölften Lebensmonat. Die Eltern müssen oft verstört registrieren, dass ihr Kind sich sogar von ihnen nicht mehr einfach auf den Arm nehmen lässt. Es will über Nähe und Distanz selbst bestimmen! Alles andere empfindet es als Übergriff.

Im zweiten Lebensjahr brechen die Backenzähne durch und veranlassen die Kinder dazu, sich alle erreichbaren festen Gegenstände in den Mund zu stecken. „Pica" nennen das die Entwicklungspsychologen, das ist das lateinische Wort für die Elster. Doch während dieser diebische Vogel es vor allem auf die Eier in fremden Nestern abgesehen hat, sind die Kinder darauf aus, mit dem Beißen auf feste Gegenstände sich schmerzlindernd das Zahnfleisch zu massieren. „Steck nicht alles in den Mund!" ist keine sinnvolle Reaktion. Besser sind ein Beißring oder der Zipfel eines Tuchs, die das Kind sich immer wieder in den Mund stecken kann. Das beruhigt auch beim Einschlafen und beim Wiedereinschlafen in der Nacht.

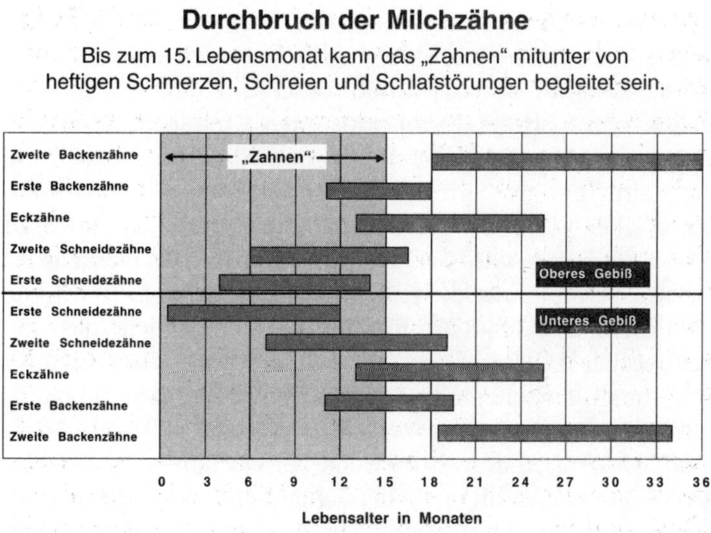

Abb. 17

Das wichtigste Entwicklungsthema des zweiten und dritten Lebensjahres aber heißt Trennungslernen! Unermüdlich spielt ein Kind während dieser zwei Jahre seine Weg-Da-Spiele mit den Erwachsenen. Es versteckt sich und lässt sich wiederfinden. Es jauchzt vergnügt, wenn die Mutter es nach langem Suchen wiederentdeckt. In dieser Zeit erlernt es „Objektpermanenz", das heißt die Vorstellung, dass etwas existieren und wieder auftauchen kann, wenn es außer Sichtweite ist. Dieser Entwicklungsschritt erklärt auch, warum Kinder im zweiten Lebensjahr besonders häufig Einschlafstörungen haben, denn Einschlafen bedeutet Trennung. Eltern, die ihr Kind tagsüber geduldig bei seinen Trennungsspielen begleiten, werden damit belohnt, dass es abends leichter einschlafen kann. Erst wenn ein Kind eine gewisse Meisterschaft in seinem Trennungsverhalten errungen hat und wenn es dann immer noch vehement gegen das Alleine-Einschlafen protestiert, ist die „Freiburger Sanduhr-Methode" sinnvoll und unschädlich, die wir als Einschlafhilfe seit Jahren chronisch überforderten Eltern an die Hand geben – mit Erfolg! Trennung sollten Kinder tagsüber und nicht erst beim Einschlafen erlernen können! Trennen Sie sich am Tage des öfteren für kurze Momente von Ihrem Kind, aber kündigen Sie die Trennung jedes Mal an, und fügen Sie hinzu, dass Sie gleich wiederkommen werden!

Weit verbreitet ist die resignative Reaktion der Eltern, die abendlichen Machtkämpfe dadurch zu beenden, dass sie schließlich ihr Kind mit in ihr Bett nehmen („co-sleeping"). Eine fatale Entscheidung. Denn erstens verzögern sie damit einen wichtigen Lernprozess ihres Kindes – oft um Jahre. Zum andern garantiert das noch kein sicheres Durchschlafen, denn das nächtliche Aufwachen wird damit nicht weniger dramatisch. Das ist oft der Zeitpunkt, zu dem Eltern ihrem Kind wieder das Fläschchen geben. Damit aber „konditionieren" sie die erste hausgemachte Schlafstörung ihres Kindes. Denn es erfährt nun dafür, dass es nachts nicht alleine in seinem Bettchen seinen Schlaf finden kann, eine Belohnung durch Saugen und durch Nahrung. Zur Erleichterung für Eltern und Kinder, die sich zum Einschlafen nur sehr schwer voneinander trennen können, kommt da eher noch ein Kompromiss in Frage. Stellen Sie das Bettchen Ihres Kindes neben Ihr Bett. So können Sie es nachts, wenn es kurz aufwacht, über den Kopf streicheln oder es, ihm ruhig zuredend, mit Nachdruck in seinem Bettchen halten.

Bevor Sie die „Freiburger Sanduhr-Methode" anwenden, versuchen Sie einen ganz einfachen Kunstgriff, den Sie vielleicht noch aus den ersten Lebensmonaten Ihres Kindes kennen: Wecken Sie Ihr Kind, wenn Sie selbst zu Bett gehen, und versichern Sie ihm, dass Sie da sind und dass es jetzt gut alleine einschlafen kann. Der größere Schlafdruck der ersten Nachthälfte kommt Ihrem Kind dabei zu Hilfe, jetzt tatsächlich leichter einschlafen zu können.

Die Freiburger Sanduhr-Methode

Wenn Ihr Kind hartnäckig nach Ihnen verlangt, statt einzuschlafen, und wie Sie in Drei-Minuten-Schritten innerhalb weniger Nächte diese hartnäckigste aller Einschlafstörungen beheben können

Wichtige Vorbemerkung

- Ihr Kind sollte mindestens zwölf Monate alt, auf jeden Fall aber körperlich und seelisch gesund sein. Ist es krank, hat es auch tagsüber starke Trennungsprobleme oder gar ernsthafte Schlafstörungen, sollten Sie erst einmal Ihren Kinderarzt konsultieren und ihn fragen, ob er die Anwendung dieser Methode für Ihr Kind und zu diesem Zeitpunkt für ratsam hält.
- Sie selber und Ihr Partner sollten sich erst einmal in Ruhe – also nicht in den kritischen Abendstunden – einigen, dass Sie beide die Methode auch durchhalten wollen. Die meisten Eltern, die sich bereits seit

Wochen mit den Ein- oder den Durchschlafproblemen ihres Kindes herumquälen, schwanken (meist abwechselnd!) zwischen zwei Gefühlsausbrüchen: „Man kann das Kind doch nicht alleine lassen, wenn es in seinem Bettchen weint!" und dem anderen: „Ich kann nicht mehr. Ich lasse es jetzt einfach schreien!" Die Folge ist, dass die Eltern in unregelmäßigen Abständen dann doch zu ihrem Kind hinlaufen, es hochnehmen, schimpfen oder ihm etwas zu trinken geben. Anschließend folgen erregte Auseinandersetzungen zwischen den Eltern, ein zerstörter Abend und Einschlafprobleme der Eltern selber. Manche Kinder werden in den Augen der Eltern dadurch auch tagsüber zu „Monstern", die nur auf den Abend warten, um wieder einmal ihre Eltern zu quälen. Darüber können Eltern sehr leicht übersehen, dass sie im „Machtkampf" mit ihrem Kind eigentlich die Stärkeren sind. Es braucht nicht viel Phantasie, um sich vorzustellen, dass aus solchen aufgeheizten Situationen Misshandlungen entstehen können. Das gilt besonders für solche Eltern, deren eigene Eltern auch sie einmal als solche „Monster" verkannt haben. Doch es gibt eine Methode, nach der Sie ihrem Kind und sich selber innerhalb von drei bis längstens drei mal drei Tagen helfen können, sich wieder auf die Abende und Nächte zu freuen.

- Die hier dargestellte Orientierungsregel („Freiburger Sanduhr-Methode") stellt eine Modifikation der von dem amerikanischen Kinderarzt und Schlafforscher Richard Ferber (Boston) vor über zehn Jahren entwickelten „checking-up"-Methode dar, deren Erfolg inzwischen als wissenschaftlich erwiesen gilt und die keine seelische Überforderung für Kinder jenseits des zwölften Lebensmonats darstellt. Andere Schlafforscher empfehlen Dr. Ferbers Methode bereits ab dem 6. Lebensmonat und dehnen die Wartezeit bis auf dreißig Minuten aus. Dies stellt nach unserer Erfahrung eine unnötige und für Eltern wie Kinder zu belastende Variante dar, die wir nicht empfehlen können!

Durchführung

Erster Tag: Halten Sie sich ganz genau an die Fütterungszeiten, die Zeitpunkte für die Tagesschläfchen, die Spaziergänge – überhaupt an alles, was sich am Tagesrhythmus Ihres Kindes orientieren sollte. „Genießen" Sie noch einmal die Erfahrung eines zerstörten Abends, indem Sie daran denken, dass ab morgen endlich eine Wende eintreten wird. Merken Sie sich, wie oft Sie heute zu Ihrem Kind gelaufen sind und wann es endlich eingeschlafen ist.

Erste Nacht: Legen Sie Ihr Kind nach einem Einschlafritual, das nicht länger als dreißig Minuten dauern sollte, ins Bett, sagen Sie ihm mit Bestimmtheit, dass es nun einschlafen wird. Es braucht kein Fläschchen und keinen Schnuller. Verdunkeln Sie das Zimmer, ein schwaches Licht sollte aber noch anbleiben. Gehen Sie aus dem Zimmer, und reagieren Sie nicht mehr auf ihr eventuell noch schreiendes Kind. Nehmen Sie eine Drei-Minuten-Sanduhr zur Hand. Das kann eine Teeuhr oder eine Eieruhr, sollte aber keine tickende oder gar klingelnde Küchenuhr sein. Stellen Sie die Sanduhr vor sich auf den Tisch im Wohnzimmer, und versuchen Sie, sich zu entspannen. Wenn Ihr Kind nun weiterhin ruft, gehen Sie nach drei Minuten zu ihm hin, leise und langsam. Streicheln Sie es, und reden Sie ganz leise und beruhigend mit ihm.

Die (umgedrehte) Sanduhr haben Sie inzwischen auf dem Stuhl vor dem Bettchen abgestellt. Nach drei Minuten (wenn Ihr Kind sich sehr heftig in sein erregtes Schreien hineinsteigert, auch nach kürzerer Zeit) verlassen Sie wieder wie beim ersten Mal das Zimmer. Wieder setzen Sie sich auf Ihre Wohnzimmercouch und warten erneut, bis drei Minuten vergangen sind. Und nun gehen Sie ein zweites Mal ins Kinderzimmer, stellen ihre (umgekehrte) Sanduhr auf und wiederholen Ihr beruhigendes Ritual. Nach drei Minuten sagt Ihnen die abgelaufene Sanduhr, dass Sie spätestens jetzt wieder zu gehen haben. Wenn Sie sich nun in Ihrem Wohnzimmer zu entspannen versuchen (was bei einem schreienden Kind für eine Mutter sicher nicht einfach ist!), dann nehmen sie sich 6 Minuten Zeit, lassen die Sanduhr also zweimal durchlaufen, bis Sie wieder zu Ihrem immer noch rufenden Kind gehen. Auch diesmal bleiben Sie nicht länger als drei Minuten an seinem Bettchen. Inzwischen sind gut zwanzig Minuten vergangen, und es kann sein, dass Ihr Kind immer noch nicht alleine einschlafen mag. Nun wiederholen Sie die ganze Prozedur mit Ihrer sechs Minuten dauernden Entspannung im Wohnzimmer und den drei Minuten am Bettchen Ihres Kindes so lange, bis Ihr Kind schließlich (meist vor Erschöpfung) eingeschlafen ist.

Zweite Nacht: Inzwischen haben Sie die Methode gelernt. Alles, was sich jetzt ändert, sind Ihre Entspannungszeiten im Wohnzimmer und damit die Wartezeiten für Ihr Kind. Die Zeit am Kinderbettchen bleibt immer gleich, bei höchstens drei Minuten bzw. einer Sanduhr-Zeit. Das erste Mal warten Sie drei Minuten, das zweite und dritte Mal sechs und ab dem vierten Mal neun Minuten.

Dritte bis fünfte Nacht: Viele Eltern berichten, dass sie bereits nach zwei Nächten nur noch ein- bis zweimal überhaupt zum Bettchen ihres Kindes haben gehen müssen. Wenn Ihre Erfahrung nicht so ist, dann wenden Sie jetzt etwas verlängerte Wartezeiten an. Beim ersten Mal 3, beim zweiten Mal 6 und beim dritten Mal jeweils 9 Minuten, bis Sie zu Ihrem rufenden Kind gehen. Die Zeit am Bettchen mit dem ruhigen Streicheln und Zureden bleibt die gleiche, nämlich 3 Minuten.

Ab der sechsten Nacht: Über neunzig Prozent der Eltern in unserer Kinderschlafambulanz berichten, dass sie nach einer knappen Woche „es überstanden" haben. Damit der Erfolg aber beständig wird, ändern Sie jetzt die Dauer Ihrer ersten Verschnaufpause im Wohnzimmer auf sechs Minuten, beim zweiten Mal warten Sie 6 und bei allen folgenden Malen 9 Minuten.

Ab der neunten Nacht: Sollten Sie und Ihr Kind bis dahin noch keinen sicheren Erfolg erlebt haben, dann entscheiden Sie zwischen zwei Möglichkeiten: Entweder Sie geben sich und Ihrem Kind eine Lernpause von einer Woche, in der Sie lediglich die Belastung der ersten Nacht (3-3-6-6 Minuten Wartezeit) durchführen und dann wieder mit dem Schema der ersten Nacht beginnen. Oder aber Sie gehen von jetzt an stets nach einer Wartezeit von 9 Minuten zu Ihrem Kind und führen die Methode so lange fort, bis Ihr Kind abends alleine einschlafen und nachts wieder-einschlafen kann. Die Wartezeiten dehnen Sie also regelmäßig auf drei Sanduhrzeiten oder neun Minuten aus. Auch jetzt halten Sie sich daran, dass Sie jedes Mal nicht länger als drei Minuten bei Ihrem Kind im Zimmer bleiben. Lernpausen sind immer dann vorzuziehen, wenn Sie die Methode emotional zu anstrengend finden oder aber, wenn Ihr Kind körperlich nicht ganz gesund ist. Denken Sie immer daran, dass diese Methode Ihrem Kind und Ihnen Erleichterung bringen soll – auf eine Weise, wie sie Ihrem Kind zuträglich ist, und dass es nicht um die Erzwingung eines Erziehungserfolgs geht!

Schema der Freiburger Sanduhr-Methode

	Ritual	1. Wartezeit	*Ritual*	2. Wartezeit	*Ritual*	3. Wartezeit	*Ritual*	4. Wartezeit
1. Tag	*< 30 Min*	?	?	?	?	?	?	?
1. Nacht	*< 30 Min*	**3 Min.**	*3 Min.*	**3 Min.**	*3 Min.*	**6 Min.**	*3 Min.*	**6 Min.**
2. Nacht	*< 30 Min*	**3 Min.**	*3 Min.*	**6 Min.**	*3 Min.*	**6 Min.**	*3 Min.*	**9 Min.**
3.–5. Nacht	*< 30 Min*	**3 Min.**	*3 Min.*	**6 Min.**	*3 Min.*	**9 Min.**	*3 Min.*	**9 Min.**
6.–8. Nacht	*< 30 Min*	**6 Min.**	*3 Min.*	**6 Min.**	*3 Min.*	**9 Min.**	*3 Min.*	**9 Min.**
ab 9. Nacht	*< 30 Min*	**9 Min.**	*3 Min.*	**9 Min.**	*3 Min.*	**9 Min.**	*3 Min.*	**9 Min.**

Erst im dritten Lebensjahr ist es sinnvoll, einem Kind beim Sauberwerden zu helfen. Viele Kinder haben es bis dahin schon alleine gelernt. Fast alle Kinder, die bei diesem wichtigen Schritt in der Autonomieentwicklung nicht durch vorzeitiges „Sauberkeitstraining“ irritiert worden sind, werden von ganz alleine bis zum Ende des dritten Lebensjahrs das Töpfchen oder die Toilette zu schätzen gelernt haben. Sie sind nämlich sehr stolz auf das Vorzeigen dieses ihres ersten eigenen Produkts, und das geht eben besser im Töpfchen als in der Windel. Das Einnässen dauert oft noch bis zum Ende des vierten Lebensjahrs. Dann erst verfügen 70 % aller Kinder über eine zuverlässige, auch in der Nacht wirksame, Rückmeldung darüber, ob ihre Urinblase gefüllt und es Zeit ist, zur Toilette zu gehen. Bis dahin sollten Sie das nasse Bettlaken am Morgen einfach abziehen und darauf vertrauen, dass es bald gar nicht mehr nass werden wird. Erst jenseits des vierten Lebensjahrs sprechen die Ärzte von einer „Enuresis nocturna“ (nächtliches Einnässen) und raten Ihnen, mit welchen nichtmedikamentösen Methoden Sie Ihrem Kind weiterhelfen können, damit es zu den 90 % der Kinder gehört, die bei der Einschulung ganz sicher tags und nachts trocken sind.

Eine schreckliche Erfahrung ist es für die meisten Eltern, wenn sie eines Abends, meist vor Mitternacht, schrille Schreie aus dem Kinderzimmer hören, ihr Kind im Bett sitzend oder gar stehend vorfinden, die Augen weit geöffnet und mit einem Gesichtsausdruck, als blicke es direkt in den Rachen eines grässlichen Monsters. Sie versuchen vergeblich, es zu wecken, weil sie glauben, ihr Kind habe einen Alptraum gehabt. Schließlich legt sich das Kind wieder hin und schläft, noch etwas schluchzend, einfach weiter. Was die Eltern in dieser Nacht miterlebt haben, ist ein „pavor nocturnus“, der Schrecken der Nacht („night terror“), der sich vom dritten bis zum siebten Lebensjahr häufiger einmal einstellt, der harmlos ist und der etwas ganz anderes bedeutet als ein Alptraum. Zum Glück kann Ihr Kind sich an nichts davon erinnern, und Sie tun gut daran, ihm am nächsten Tag nichts davon zu erzählen. Das würde bei Ihrem Kind nur zu Einschlafängsten führen.

Wenn die Kleinkindzeit zu Ende geht, dann haben die Kinder in ihrer Schlafentwicklung große Fortschritte gemacht. Die Schlafdauer hat sich auf zwölf Stunden verkürzt. Viele Kinder benötigen noch einen kleinen Mittagsschlaf und können erst nach Beginn des Kindergartens ganz darauf verzichten. Am ehesten finden sie ihre Ruhepause zwischen zwölf und vierzehn Uhr, auf jeden Fall aber nicht nach fünfzehn Uhr. Damit sie die langen Vor- und Nachmittage durchhalten, tut ihnen ein kleines Nickerchen („nap") gegen zehn und siebzehn Uhr gut, eine Unterbrechung, in der sie aber, im Unterschied zum Mittagsschlaf, nicht das Bettchen aufsuchen sollten.

Sie können jetzt morgens und manchmal auch in der Nacht von schönen und schlimmen Träumen erzählen. Und es ist für sie sehr wichtig, dabei Gehör zu finden. Denn schließlich sind für sie (bis zum sechsten Lebensjahr) Traumerlebnisse genau so Wirklichkeit wie die Eindrücke vom Tage.

Schlafen und Träumen in der Kleinkindzeit

1. *Trennungslernen ist das zentrale Thema im zweiten und dritten Lebensjahr. Einschlafenkönnen aber bedeutet, sich trennen zu können.*
2. *Einschlafprobleme haben sehr vielfältige Ursachen. Die Aufgabe, nach solchen Ursachen zu forschen, ist zumeist nicht befriedigend lösbar und fast immer ohne praktischen Nutzen.*

3. *Einschlafprobleme lassen sich meistern, wenn die Eltern sich mit den Regeln der „Freiburger Sanduhr-Methode" vertraut machen. Bei den meisten Kleinkindern, insoweit sie gesund sind und tagsüber schon ein gutes Stück Autonomie errungen haben, führt sie innerhalb von ein bis zwei Wochen zum Erfolg.*
4. *Der Durchbruch der Zähne gibt im Kleinkindesalter manchmal Anlass für gestörte Nächte, wird aber oft zu schnell als Ursache von Durchschlafstörungen angenommen. Es ist viel wahrscheinlicher, dass hinter erneut auftretenden unruhigen Nächten Trennungsängste stehen, die durch Träume aktiviert werden.*
5. *Trotz- und Wutanfälle sind Zeichen eines inneren Kampfes um Autonomie. Es ist ein Glück für viele Eltern, deren Kinder tagsüber häufig solche Trotzanfälle bekommen, dass der Kampfeswille nachts erlahmt. Dann kommt die andere Seite der Medaille zum Vorschein: Die Angst vor der Autonomie!*
6. *Es ist gut verstehbar, dass Eltern ihr Kind nachts wieder häufiger in ihr Bett lassen, wenn es nicht alleine schlafen will. Es ist ratsam, Kleinkinder immer wieder ruhig und mit Nachdruck in ihr Bettchen zurückzuschicken. Denn es geht um die Bewältigung der Trennungsangst! Und Ängste nehmen an Bedeutung zu, wenn man sich ihnen nicht stellt …*
7. *Zur Autonomieentwicklung gehört auch der selbstbewusste Umgang der Kleinkinder mit ihrem „großen Geschäft". Sie werden es gerne stolz vorzeigen, ihr erstes eigenes Produkt. Sauberkeitstraining brauchen Kinder in diesem Alter nicht. Erst wenige Monate vor dem Eintritt in den Kindergarten kann es notwendig werden, einem Kind beim Sauberwerden zu helfen.*

8. *In vielen Familien erlebt ein Kind in dieser Zeit, dass es von einem nachfolgenden Geschwister „entthront" wird. Die Rivalität mit dem Nachkömmling und die Angst vor einem Verlust der uneingeschränkten Zuwendung der Eltern werden dann besonders stark sein, wenn zuvor die Autonomieentwicklung noch nicht weit genug fortgeschritten ist. Entwicklungspsychologen haben aus dieser Beobachtung die Einschätzung abgeleitet, den Abstand in der Geschwisterfolge von zweieinhalb bis drei Jahren als besonders günstig zu betrachten.*
9. *Das Ende der Kleinkindzeit und der Beginn des Kindergartens fallen in den meisten Fällen zusammen. Die Fähigkeit eines Kindes, mit Gleichaltrigen auch ohne den permanenten Schutz eines Erwachsenen zu spielen, sollte das ausschlaggebende Kriterium für oder gegen den Kindergarteneintritt sein.*

7. Kapitel

Die Kindergartenzeit
(viertes bis sechstes Lebensjahr)

Viele Eltern erinnern sich, wenn sie später einmal gefragt werden, welches für sie denn die schönste Zeit mit ihrem Kind gewesen sei, an die Kindergartenzeit. Damit meinen sie vor allem die Epoche, in der ihr Kind oft lange Zeit in sein Spiel vertieft gewesen ist, inmitten einer Phantasiewelt, in der die Eltern keinen Platz haben. Es ist die Zeit der ersten Freundschaften und der ersten Raufereien mit Gleichaltrigen. Zu keinem Zeitpunkt im Leben kommen Kinder dem Ideal des spielerischen Lernens so nahe wie in dieser Zeit. Daher haben Eltern und KindergärtnerInnen während dieser drei Jahre eigentlich nur eine einzige Erziehungsfunktion, nämlich alles fern zu halten, was ihr Kind am freien Spiel hindern könnte. Das Spiel der Kindergartenkinder lebt von ihrer beneidenswerten inneren Ausgeglichenheit und ihrer kreativen Neugier. Sie sind neugierig auf andere Menschen, neue Situationen und ihren Körper. Bei manchen Kindern, meist sind es die Jungen, gehört es dazu, dass sie mitunter etwas zerstören, dass sie gerne einmal lügen, stehlen, ihr Sprachtempo überfordern oder masturbieren. Solche Auffälligkeiten sind dann meist kein Ausdruck einer psychischen Störung, sondern ihrer unbändigen Lust, alles einmal ausprobieren zu wollen. Oft imitieren sie dabei, was sie bei anderen Kindern, aber auch Erwachsenen gesehen haben. Die Eltern tun gut daran, sie nicht dafür zu bestrafen. Das könnte erst diese „Regelübertretungen" verfestigen. Wenn Eltern diese Toleranz aufbringen können, werden sie bald mit Erleichterung feststellen, dass alle solche

„Unarten" nur eine kurze Geschichte haben. Schließlich werden sie schmunzelnd entdecken, dass ein Dreijähriges bereits echten Humor aufbringen kann.

Da die Kindergartenzeit bei den allermeisten Kindern eine recht harmonische Zeit ist, ist es umso wichtiger, nachdenklich zu werden, wenn in diesem Zeitabschnitt ernste seelische Störungen auftreten. Bei den Jungen sind es vor allem Probleme im Umgang mit ihrer Aggressivität, mit ihren Größenphantasien und mit der Fähigkeit, tags und nachts trocken und sauber zu bleiben. Bei den Mädchen sind es die Trennungsschwierigkeiten und, was nur die Kehrseite derselben ist, Probleme mit ihrer Fähigkeit, sich an die Gruppe Gleichaltriger anzuschließen. Jungen tendieren dazu, aufkommende Probleme durch Flucht nach vorn zu überwinden, Mädchen ziehen sich zurück, werden schüchtern oder gar depressiv. Leider stimmen diese Reaktionsweisen mit immer noch nicht überwundenen geschlechtspezifischen Rollenerwartungen der Erwachsenen überein. Und so hat ein Mädchen oft keine Chance, dass die Umwelt in seinem Schmollen zurückgehaltene Wut erkennt. Das Gleiche gilt für überaggressive Jungen, denen man auch nicht auf den ersten Blick ansieht, dass sie eigentlich Angst haben.

Solche Überlegungen sind wichtig, will man zu ergründen versuchen, welche emotionalen Probleme wohl hinter Schlafstörungen stecken mögen, die in diesem Alter erstmals oft ihren Ursprung in seelischen Nöten haben.

Um zu erkunden, ob hinter einem Schlafproblem eines Kindergartenkindes überhaupt ein seelisches Problem verborgen sein könnte, haben sich für uns drei Fragen als sehr erhellend herausgestellt:

1. Kann Ihr Kind ausdauernd alleine, d.h., ohne auf Rückmeldung angewiesen zu sein, spielen?
2. Kann es Freundschaften schließen und aufrechterhalten?
3. Kann es sich gut von Ihnen trennen und sich freuen, wenn es wieder mit Ihnen zusammen ist?

Erst, wenn eine dieser Fragen mit Nein zu beantworten ist, vermuten wir eine wirkliche seelische Not hinter den von den Eltern beklagten Verhaltensauffälligkeiten. Abweichendes und grob auffälliges Verhalten kann auch seine Ursachen in der Umwelt haben, der sich das Kind anzupassen versucht, durch Reaktion oder durch Imitation. Aber dann ist in erster Linie die Umwelt gefragt, wenn es darum geht, etwas an diesem Verhalten zu ändern.

Die häufigsten Schlafprobleme in diesem Alter drehen sich um das Thema Angst. Einschlafprobleme, die auch bei Beachtung der „schlafhygienischen Orientierungen" hartnäckig fortbestehen, sind zumeist Ausdruck von Trennungsschwierigkeiten und von zu wenig Zeit vor dem Schlafengehen, um von der aufregenden Welt des Tages Abschied zu nehmen. In ihrer kreativen Phantasie haben Kindergartenkinder oft tagsüber Dinge erlebt, die den nüchternen Erwachsenen gar nicht aufgefallen sind. Der Turm, der in der Bauecke im Kindergarten umgefallen ist, ist vielleicht deswegen umgestürzt, weil die Erde darunter gebebt hat, ein Hinweis auf unterirdische Höhlen, in denen Sprengstoff gelagert ist. Die Freundin, die heute einem anderen Mädchen den Stammplatz an ihrer Seite überlassen hat, will vielleicht nie mehr was mit einem zu tun haben. Die alte Frau in der Nachbarschaft mit dem Kopftuch ist vielleicht eine Hexe, und der Regenwurm, den man über Nacht ins Weckglas eingesperrt hat, wird vielleicht morgen schon eine Riesenschlange sein.

Wenn dann noch Szenen aus den vielen Fernsehfilmen des Tages, das Geschrei der Geschwister oder das Schimpfen der Mutter beim Abendessen sich wie ein einziges Knäuel im Kopf festgesetzt haben, dann grenzte es an ein Wunder, wenn nicht das abendliche Kinderzimmer voller Gespenster wäre. Liegt es da nicht nahe, hinter dem sich im Abendwind bauschenden Fenstervorhang eine schwarze Gestalt mit langen Fingern zu vermuten? Solche und ähnliche Ängste berichtet ein Kind nicht spontan, denn es schämt sich viel zu sehr, dass alles „nur Einbildung" sei. Dabei wäre die schwarze Gestalt hinterm Vorhang ja noch harmlos, wenn man nicht so genau wüsste, dass das Bettchen, wie der Turm heute morgen, auf einem unterirdischen Labyrinth hoch explosiver Höhlen steht!

In ihrem magischen Denken – und diese Sichtweise ist nie so stark ausgeprägt wie gerade in diesem Alter – müssen die Kinder sich nicht nur mit realen Gefahren auseinandersetzen, das können sie oft erstaunlich gut. Nein, sie müssen Orientierung finden in einer Welt, die durch die Weite ihrer Phantasien unbegrenzt ist und zu der die Erwachsenen keinen Zugang haben – ja, auch nicht haben sollen. Die für viele Erwachsene so schrecklich klingenden alten Märchen aus „Tausendundeine Nacht" oder der Sammlung der Gebrüder Grimm handeln von dieser magischen Welt, und daher haben sie Kinder vieler Generationen so geliebt und sind gut danach eingeschlafen! Harmlose Gutenachtgeschichten sind gut für die Abende harmloser Tage, aber welche Tage im aufregenden Leben eines Kindergartenkindes sind harmlos? Nur die langweiligen! Gerade wenn die „schlimmen" Märchen immer wieder vorgelesen werden müssen, ist das ein Hinweis darauf, dass sie eine Botschaft enthalten, in der ein von seinen Phantasien angefülltes Kind, das nicht einschlafen kann, sich wiederfindet. Genau so ging es übrigens dem König Schahrirah in „Tausendundeine Nacht", der immer wieder neue Geschichten von seiner Märchenerzählerin Scheherazade hören musste, bis nach eintausendundeins Nächten seine Schlafstörungen kuriert waren – das sind fast drei Jahre, die ganze Kindergartenzeit!

Alpträume indes, die auch in diesem Alter besonders häufig Ursache für Schlafstörungen sind, haben meist ihre Ursache in dem, was ein Kind aktiv zu gestalten versucht, nicht in dem, was tagsüber passiert ist wie bei den Einschlafstörungen. Diesen Unterschied zu kennen, erleichtert es, einem nachts aus seinen Träumen aufgeschreckten Kind beruhigend zu begegnen. Etwa so: „Die Mama, der Papa, ist da. Du brauchst jetzt keine Angst mehr zu haben! Aber sag' mal, was hattest du denn vor?" Erzählen lassen oder sogar aufmalen lassen ist die geeignetste Methode, um Alpträume zum Verschwinden zu bringen. Denn die Alptraumkinder fürchten sich nicht nur, sie sind auch fasziniert von dem Inhalt ihrer Alpträume.

Eine Besonderheit dieses Alters ist der „Pavor-nocturnus-Anfall", der sich ab dem Kindergartenalter häufiger einstellt und der ein „Nachtschreck" eigentlich nur für die verstörten Eltern ist. Für ein Kind ist er nur eine Unterbrechung seines Schlafs (meist vor Mitternacht), an den es sich nicht erinnern kann, da der Anfall aus dem Tiefschlaf heraus entsteht. Zwischen Nachtschreck und Alpträumen unterscheiden zu können, ist für alle Eltern wichtig, die solche Ereignisse in der Nacht ihrer Kinder erleben, aber besonders für die Eltern, deren Kinder beide Parasomnie-Formen haben. Und das kommt in diesem Alter gehäuft vor.

Mit den „Parasomnien", d.h. den Ereignissen, die während der Schlafenszeit sich ereignen, mit dem regulären Schlaf aber nichts zu tun haben, wird sich ein eigener Abschnitt dieses Buches (Kapitel 11) beschäftigen. Nur so viel sei an dieser Stelle schon gesagt: Der Pavor nocturnus ist bis zum Schulalter lediglich ein Ausdruck einer partiellen Reifungsverzögerung bestimmter Teile des Gehirns, die sich mit der Aufrechterhaltung des Tiefschlafs befassen. Erst ab der Pubertät kann er ein Hinweis auf seelische Belastungen mit Angst und Depression sein.

Größere Bedeutung hat das nächtliche Einnässen für viele Kinder dieses Alters, für Jungen häufiger als für Mädchen. Auch auf diese Parasomnieform wird im genannten Kapitel 11 näher eingegangen. Um zu verstehen, was das Einnässen für Kindergartenkinder bedeutet, muss man sich nur einmal ein paar Stunden auf eine Bank im Spielzimmer eines Kindergartens setzen, aber auch ein Kindergeburtstag erfüllt diesen Zweck. Da examinieren sich (meist) die Jungen, ob man denn noch nachts eine Windel brauche oder gar ins Bett mache. Natürlich ist man längst aus diesem „Babykram" raus ... Sich eingestehen müssen, dass man noch einnässt, verursacht heftige Schamgefühle, und so mancher „Macho" in der Gruppe der Vorschulkinder beginnt seinen Morgen in einem feuchten Bettuch.

Viele Kinder, die bis zum dritten Lebensjahr es gut gelernt haben, nachts in ihrem Bett durchzuschlafen, fangen nun wieder an, ins elterliche Bett zu wollen. Dahinter verbergen sich wenn nicht elterliche Wünsche dann Wiedereinschlafstörungen aufgrund von nächtlichen Träumen. Da diese Träume aber, wie oben bereits erwähnt, zumeist etwas mit kindlichen Wünschen zu tun haben, ist es nicht ratsam, dem Drängen der Kinder, das Bett zu verlassen, nachzugeben. Denn tagsüber lernt das Kind ja auch, wie es mit dem Konflikt zwischen Wünschen und vorgegebenen Regeln fertig werden kann. Konflikte bewältigen zu können aber macht Kinder stolz. Daher sollte man Kinder, die nachts wieder ins elterliche Bett wollen, sanft wieder in ihr eigenes Bettchen zurückführen – und sei es auch fünfmal in einer Nacht. Das gilt selbstverständlich nicht für kranke Kinder oder solche, die gerade tagsüber mit vielen Aufregungen, z. B. in einer ungewohnten neuen Umgebung, überschwemmt worden sind. Auch die Rivalitäten mit dem kleinen Geschwisterchen, das so selbstverständlich jede Nacht in Mutters Bett schlafen darf, das gar noch gestillt wird, trägt man besser tagsüber aus. Das ist erstens fair, und zweitens führt es einem mit Genugtuung vor Augen, wieviel größer man doch schon ist! Schon-größer-sein-Wollen aber ist eine Wunsch von Kindergartenkindern, der ihnen nicht durch Erziehung angetragen werden muss.

Viele Eltern werden in diesem Alter ihrer Kinder zum erstenmal damit konfrontiert, dass sie gezielt ausgeschlossen werden – von ihren eigenen Kindern. Ein Junge oder ein Mädchen möchte ganz exclusiv nur noch vom Vater oder von der Mutter zu Bett gebracht werden. Der jeweils ausgeschlossene Elterteil ist völlig verwirrt, ja, manchmal verärgert und versteht die Welt überhaupt nicht mehr, wenn er am Abend darauf unversehens wieder in die Favoritenrolle gerät, genüsslich registrierend, dass es diesmal den anderen erwischt hat, der abgelehnt wird. Sigmund Freud hat diese Entwicklungsphase die „ödipale" genannt und sie als prägend für die meisten Neurosen des Erwachsenenalters angesehen. Inwieweit er mit dieser Theorie zur Erklärung menschlicher Beziehungsprobleme beigetragen hat, ist für unsere Überlegungen über die Hintergründe kindlicher Schlafstörungen nicht von Belang. Vieles spricht dafür, vieles dagegen. Recht hat er aber sicher mit der Beobachtung – die er übrigens nur indirekt, nämlich über die Erinnerungen erwachsener Patienten, gemacht hat –, dass Kinder im Alter zwischen drei und sechs Jahren sich schwer tun, gleichzeitig zu beiden ihnen lieb gewordenen Eltern eine gute Beziehung aufrechtzuerhalten. Sie neigen dazu, immer den Dritten aus der Beziehung auszuschließen. Dabei kommt bei den Mädchen öfters der Vater, wenn er bis dahin ausreichend präsent war, in die Favoritenrolle, bei den Jungen die Mutter. Wenn die Eltern sich dadurch in ihrer Beziehung zueinander nicht irritieren lassen und wenn sie nicht gekränkt auf das Ausgeschlossenwerden reagieren, nimmt das Thema ganz allmählich bis zum Einschulungsalter in seiner Brisanz ab, genau so, wie es – scheinbar aus dem Nichts – entstanden ist. Heute wissen wir aus den zahlreichen Beobachtungen von Entwicklungspsychologen, dass die Eltern durch ihre Reaktionsweisen ganz entscheidend dazu beitragen, ob sie bei ihrem Kind den zeitgemäßen „Untergang des Ödipuskomplexes" miterleben können oder ob sich das mitunter für Eltern recht angenehme Spiel des Umworben- und Zurückgestoßenwerdens fortsetzt bis in die Adoleszenz oder gar bis ins Erwachsenenalter. Wenn dieses Spiel, das wie das Erlernen der Trennung im zweiten und dritten Lebensjahr für einige Zeit seine Bühne braucht, zu sehr angeheizt wird, so entstehen beim Kind „ödipale Ängste", denn es merkt sehr wohl – meist nachts in seinen Träumen –, dass es sich mit seiner Rolle der kleinen Verführerin oder des kleinen Verführers völlig übernommen hat.

Zum Schluss noch eine Bemerkung zum Kindergarten selbst. Wählen Sie den Kindergartenplatz nicht danach aus, wie fortschrittlich die dortigen Erziehungsmethoden angeblich seien, gar, wie früh die Kinder ans Lesen und Schreiben herangeführt werden. Das Klima, das von den Persönlichkeiten der Erzieherinnen geschaffen wird, ist ein viel zuverlässigerer Maßstab, und der zeigt sich vor allem darin, welches Geschick die KindergärtnerInnen aufbringen, von den Kindern alles abzuhalten, was sie an ihrem eigenen, ungestörten Spielen hindern könnte.

Denn Spielen, kreatives Spielen, das der Phantasie der Kinder Raum gibt und das die anderen Kinder nicht ausschließt, ist tagsüber die beste Voraussetzung dafür, dass Kindergartenkinder in der Nacht erholsamen Schlaf finden.

Schlafen und Träumen während der Kindergartenzeit

1. *Die Zeit zwischen vier und sechs Jahren ist eine „phantastische" Zeit. Dies gilt in zweierlei Hinsicht. Zum einen erinnern sich Eltern rückblickend meist an diesen Entwicklungsabschnitt als die schönste Zeit, die sie mit ihrem Kind erlebt haben. Zum*

anderen spielt nun die Phantasie, die geistige Lust an Reisen durch ferne Vorstellungswelten, die wichtigste Rolle – nicht nur am Tage, sondern auch in der Nacht.

2. *Alle Kinder sind phantasiebegabt. Einige zeigen der Umwelt mehr von diesen Reisen, andere verschließen sie in Schatzkästchen, deren Schlüssel sie zeitlebens alleine aufbewahren.*
3. *Da die Kinder oft kaum einen Unterschied zwischen realer und phantasierter Welt gelten lassen, haben sie mit Ängsten zu kämpfen, aber auch mit wenig einfühlsamen Erwachsenen, die ihnen das „Phantasieren" glauben austreiben zu müssen – da sie selber den Spagat zwischen diesen zwei Welten fürchten.*
4. *Phantasievolle Kinder unterhalten sich und spielen mit vorgestellten Altersgefährten, die sie behandeln, als lebten sie real mit ihnen zusammen („shared companions"). So manches einsame Einzelkind genießt dadurch einen großen bunten Geschwisterkreis, den ihm die Eltern nicht haben bescheren können. Diese „Geschwister" schlafen dann auch mit in seinem Bettchen ...!*
5. *Bilder des Tages, vor allem wenn sie über das Fernsehen am Abend in die Köpfe der Kinder Einzug genommen haben, können nachts lebendig werden. Das führt zu Einschlafängsten, Alpträumen, Pavor nocturnus und dem Verlangen, nachts wieder im Bett der Eltern Schutz zu suchen. Ein Löwe, der sich unterm Bett eines Kindes versteckt hat, kann nur mit einem Stock im Kinderzimmer vertrieben werden, nicht aber aus dem sicheren Abstand des Elternbettes. Dann hilft kein Schimpfen oder Nachgeben der*

Eltern, wohl aber ein beherzter Vater oder eine mutige Mutter, die mit dem Kind auch einmal nachts auf Großwildjagd geht...!

6. *„Ödipale" Ängste, die in diesem Alter gehäuft auftreten, entspringen dem Wunsch des Kindes, sich mit einem, meist dem gegengeschlechtlichen, Elternteil gegen den anderen zu verbünden. Die Fähigkeit zur „Triangulierung", das heißt zur gleichzeitgen Beziehungsaufnahme zu zwei Personen, muss erst erworben werden. Eltern, die sich durch die mitunter heftigen werbenden oder ablehnenden Gefühle ihres Kindes nicht auseinander bringen lassen, können ihrem Kind ganz entscheidend helfen, diesen schwierigen Entwicklungsschritt zu bewältigen. Abwesenheit und Rückzug eines Elternteils können gerade in dieser Zeit lebenslang prägenden Einfluss nehmen.*
7. *Die meisten Kinder verzichten mit Eintritt in den Kindergarten gerne auf ihren Mittagsschlaf, sie brauchen ihn auch nicht mehr. Mittagsschlaf sollte nicht erzwungen werden, nicht zuletzt deswegen, weil er dem Kind den nötigen „Schlafdruck" für die Nacht nehmen kann.*
8. *Kinder, die im fünften Lebensjahr noch regelmäßig einnässen, sollten vom Kinderarzt untersucht werden und gegebenenfalls eine psychotherapeutische Behandlung bekommen. Einige brauchen aber nur die Geduld ihrer Eltern, die zuwarten können, bis ihr Kind trocken ist und sei es auch erst am Ende der Grundschulzeit.*

8. Kapitel

Die Grundschulzeit
(siebtes bis zehntes Lebensjahr)

Vom sechsten Lebensjahr an hat ein Kind in unserer Gesellschaft das Recht, die Schule zu besuchen. Eigentlich sollte es spätestens mit Schuleintritt das Recht zugesprochen bekommen, schlafen zu dürfen, und zwar über so lange Zeit, wie es seinen Bedürfnissen entspricht. Denn Lernen und Schlafen stehen in einem engen Verhältnis gegenseitiger Abhängigkeit, über das wir erst in den letzten Jahren Genaueres herausgefunden haben.

Die Grundschulzeit galt im Verständnis der Psychologen lange Jahrzehnte hindurch als die Phase der „Latenz". Der Begriff geht auf Sigmund Freuds vor gut neunzig Jahren formulierte Theorie zurück, wonach Kinder in dieser Zeit ihre sexuellen Bedürfnisse unterdrücken lernten und ihre hauptsächliche Befriedigung in geistiger Betätigung, insbesondere im Erwerb von Wissen und der Orientierung an hohen moralischen und ästhetischen Prinzipien fänden. Erst mit Beginn der Adoleszenz in der Pubertät ändere sich die Trieborientierung wieder hin zu mehr sexuellen Interessen.

Vieles an dieser Vorstellung gilt zu recht heute als zu begrenzt, denn sie beinhaltet z.B. keine Aussage über die große Bedeutung der sozialen Entwicklungsfortschritte der Grundschulkinder und über die erstaunlich unauffällige Art, wie sie in dieser Zeit mit dem schwierigen Thema Trennung umgehen. Im Kern jedoch ist diese alte psychoanalytische Theorie auch heute noch unserem Wissen angemessen und enthält für unser Thema interessante Aspekte.

Betrachten wir die durchschnittliche Schlafdauer eines Grundschulkindes – etwa zehn Stunden – und die Relation vom Traumanteil zum Anteil des Tiefschlafs – etwa vier Stunden zu sechs Stunden –, so fällt auf, dass die Dauer im Vergleich zu der des ersten Lebensjahrs, der Zeit des intensivsten Lernens, zwar verkürzt, dass aber der Traumanteil am Gesamtschlaf fast genau so groß geblieben ist. Nach allem, was wir bisher zur Funktion des Träumens wissen, dürfte das bedeuten, dass die Natur das Grundschulkind mit der gleichen relativen Lernzeit im Schlaf ausgestattet hat wie den Säugling! Die Freudsche Vorstellung, die „Latenzzeit" sei vor allem eine Zeit des Lernens, scheint also einen ganz zentralen Aspekt zu erfassen, auch wenn wir heute mit den psychoanalytischen Konzepten der „Triebunterdrückung" oder der „Reaktionsbildung" nicht mehr so viel anzufangen wissen.

Nun haben wir in unseren eigenen epidemiologischen Studien zum Schlaf bei Kindern, die wir an eintausend Grundschulkindern Freiburgs und an etwa siebentausend Grundschulkindern aus dem ganzen deutschen Bundesgebiet durchgeführt haben, gefunden, dass Kinder dieses Alters innerhalb der Schulwoche ein bis zwei Stunden weniger Schlaf finden als in der Ferienzeit und am Wochenende. Außerdem haben wir gefunden, dass Schlafmangel bei Kindern mit erhöhter Nervosität und Ängstlichkeit zu tun hat.

Diese Befunde müssen einen dann sehr nachdenklich stimmen, wenn man weiß, welche Auswirkungen Schlafmangel bei jungen Menschen zeigt, die unter experimentellen Bedingungen im Schlaflabor untersucht worden sind. Die Verkürzung der Schlafdauer, insbesondere der Schlafdauer vor Mitternacht, geht in erster Linie zu Lasten des Tiefschlafs, d. h. der Zeit, in der der Körper Erholung findet und seinen „Schlafdruck" erniedrigt. Den Schlafdruck kann man sich mit Recht vorstellen als einen Antrieb, etwa wie den Antrieb zu atmen, den wir gar nicht unterdrücken können. Tiefschlafverkürzung führt also zu einer Erhöhung des Schlafantriebs. Schlafforscher messen diesen Schlafantrieb übrigens mit dem „multiplen Schlaflatenztest". Dabei wird eine – zumeist übermüdete – Versuchsperson am Tage mehrfach hintereinander aufgefordert, sich in den Schlaf fallen zu lassen. Die Zeit bis zum Eintreten des Tiefschlafs (am EEG erkennbar) ergibt dann ein Maß für den Schlafdruck.

Die Folge eines erhöhten Schlafdrucks ist eine erhöhte Müdigkeit am Tage, die sich bei allen Tätigkeiten auswirkt, die nicht in irgendeiner Weise anregend sind. Kinder mit Schlafmangel können am folgenden Tag noch gut Sport treiben, sie sind aber nicht mehr in der Lage, längere Zeit ihre Aufmerksamkeit zu halten. Schon gar nicht sind sie zu kreativen Leistungen in der Lage, wie sie notwendigerweise beim Erlernen von allem Neuen erforderlich sind. Sie neigen eher dazu, Routinetätigkeiten auszuführen und – was noch folgenreicher ist – sich durch motorische Aktivierung, Selbststimulation und Provokation ihrer Umwelt selber zu stimulieren. Wir vermuten, dass ein großer Teil der Disziplinprobleme in den Grundschuljahren ebenso wie die Sucht, sich durch Fernsehkonsum aufzuputschen, unmittelbar auf eine chronische Schlafdeprivation der Kinder dieses Alters zurückzuführen ist.

Interessant ist übrigens auch der Befund aus unserer „Freiburger Kinderstudie", die wir mit Umweltsoziologen der Freiburger Universität durchgeführt haben, dass nämlich Kinder gerne auf ihre nachmittägliche Fernsehzeit verzichten, wenn sie sich im unmittelbaren(!) Umkreis ihrer Wohnung auf Spielplätzen, verkehrsberuhigten Straßen oder auf Innenhöfen austoben können. Ausgeschlafene Kinder haben übrigens – auch das hat unsere Studie gezeigt – überhaupt weniger Interesse am Fernsehen als übermüdete Kinder. Es scheint also nicht übertrieben zu sein, wenn wir vermuten, dass ein zu hoher Schlafdruck bei Kindern zu süchtiger Selbststimulation durch motorische Aktivität und Fernsehkonsum führt. Das entsprechende Suchtverhalten bei Erwachsenen heißt Arbeitssucht und Abhängigkeit von stimulierenden Drogen wie Nikotin und Koffein.

Die moderne Kinderschlafforschung hat noch zu einer weiteren Entdeckung geführt, deren weitreichende Bedeutung wir noch nicht abschätzen können. Vergleicht man die Fähigkeit von Erwachsenen, Schlafmangel rasch wieder aufholen zu können, mit der von Kindern, so stellt man fest, dass Kinder erstens viel länger brauchen, um ihr Schlafdefizit insgesamt auszugleichen und dass sie zweitens für die Wiederauffrischung ihres Budgets an Traumzeit viel mehr Zeit brauchen als für das Nachholen des ausgebliebenen Tiefschlafs. Schlafmangel bei Kindern bedeutet also eine lang anhaltende Einschränkung ihrer nächtlichen Lernzeit.

Aus diesen aufregenden Befunden ergeben sich spezifische Empfehlungen für Kinder und Eltern einerseits und für Lehrer, die am Lernfortschritt ihrer Schüler interessiert sind, andererseits.

In der Grundschulzeit als einer Zeit des Lernens sollten Kinder ein von der Gesellschaft garantiertes Recht auf ihren Schlaf besitzen, ein Recht, das sie selber leider nicht einklagen können, auch nicht wollen, und zwar um so weniger, je mehr sie die Auswirkungen ihres Schlafmangels über süchtige Formen der Selbststimulation zu kompensieren gelernt haben.

Kinderschlaf in der Grundschulzeit

Empfehlungen für Eltern

1. *Kinder im Alter zwischen sieben und zehn Jahren brauchen durchschnittlich sechs Stunden Tiefschlaf und vier Stunden Zeit zum Träumen.*
2. *Ihr Schlaf vor Mitternacht, genauer vor ihrem biologischen Tiefpunkt in der Nacht, spielt für die Regenerierung der Körperkräfte und für die Reduzierung ihres Schlafdrucks eine wichtige Rolle, die durch den Schlaf in der zweiten Nachthälfte nicht ersetzt werden kann.*
3. *Die Verkürzung der Schlafdauer vor Mitternacht und der damit verbundene erhöhte Schlafdruck am Tage führen zu vermehrten Anstrengungen des Schulkindes, sich selbst zu stimulieren. Reizoffenheit, Provokationen und motorische Überaktivität können als Folgeerscheinungen auftreten.*
4. *Auch ein erhöhter Fernsehkonsum bei fehlenden Spielmöglichkeiten in der Nähe der eigenen Wohnung muss als Form solch einer Selbststimulation bei erhöhter Tagesmüdigkeit angesehen werden.*
5. *Die Altersspanne zwischen dem sechsten und dem zehnten Lebensjahr ist eine Zeit intensiven Lernens. Der hohe Anteil des Träumens am Schlaf – ebenso hoch wie im Säuglingsalter – trägt dem Rechnung. Schlafstörungen führen also nicht nur über die Erhöhung der Tagesmüdigkeit, sondern auch über die Verkürzung der REM-Phasen-Dauer zu verschlechterten Lernbedingungen.*
6. *Bei einem Grundschulkind, das um 7 Uhr morgens aufstehen muss, birgt eine regelmäßige Einschlaf-*

zeit nach 21 Uhr bereits das Risiko eines chronischen Schlafmangels.

7. *Bei Ein- und Durchschlafstörungen verlängert sich die durchschnittlich notwendige Schlafdauer. Das gilt besonders für Durchschlafstörungen, die durch Alpträume verursacht sind.*
8. *Die hauptsächlichen Inhalte der Einschlafängste von Grundschulkindern beziehen sich auf Fernsehen, Dunkelheit, Alleinsein, Schule und Familienstreit. Lediglich die Ängste vor der Dunkelheit und dem Alleinsein können als entwicklungstypische kindliche Angstformen betrachtet werden. Die übrigen Angstinhalte sind durch das kulturelle Umfeld bedingt.*
9. *Die sicherste Methode, einem chronischen Schlafmangel eines Grundschulkindes vorzubeugen, besteht darin, dem Kind tagsüber genug Möglichkeiten zu lassen, sich geistig und motorisch herauszufordern und in der einen Stunde vor dem Einschlafzeitpunkt, d.h. ab 20 Uhr, keine Störung durch äußere Stimulation (Fernsehen, Familienstreit, Hausaufgaben) mehr zuzulassen.*
10. *Ausgeschlafene Kinder mit der Möglichkeit, sich nachmittags in der Nähe der Wohnung auszutoben, verlieren das Interesse am nachmittäglichen Fernsehprogramm und können abends leichter von ihrem Fernsehwunsch absehen, weil sie ausreichend müde geworden sind.*

Wachsamkeit, Lern- und Leistungsfähigkeit über 24 Stunden

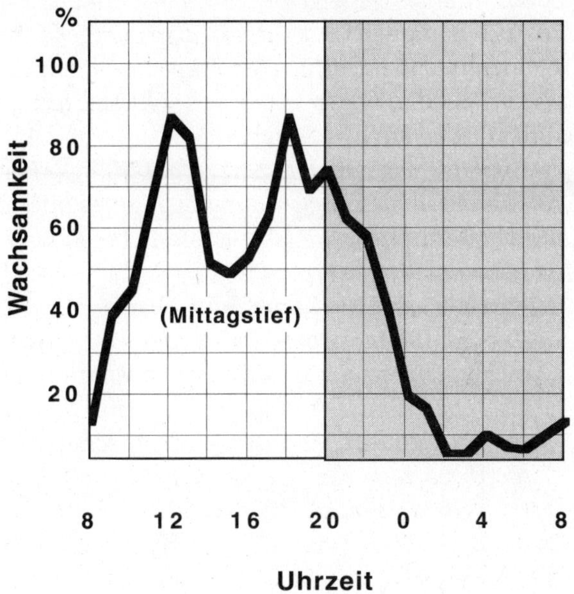

Abb. 18

Schlaf und Müdigkeit im Grundschulalter

Empfehlungen für Lehrer

1. *Müde Kinder können nicht lernen. Sie sind gar nicht leicht – etwa an Gähnen oder Antriebslosigkeit – zu erkennen. Sie fallen aber dadurch auf, dass sie reizhungrig auf jede Art von Selbststimulation aus sind.*

2. *Schlafmangel kann sich in folgenden Symptomen äußern: Interessenlosigkeit, Aufmerksamkeitsstörungen bzw. hohe Ablenkbarkeit, Kurzzeitgedächtnisstörungen („Hast du nicht aufgepasst?"), Schwierigkeit, bei der Lösung komplexer Probleme („Begriffsstutzigkeit"), leichte Reizbarkeit, erhöhte Aggressionsbereitschaft, verstärkte Lust auf Süßigkeiten.*
3. *Um das Ausmaß des Schlafmangels in einer Klasse festzustellen, haben sich zwei einfache Testmethoden bewährt:*
   - *Zum einen können Lehrer eine Variante des „multiplen Schlaflatenztests" anwenden. Dazu fordern sie ihre Schüler auf, es sich ganz bequem auf dem Stuhl zu machen, mit dem Kopf auf dem Pult. Dann mögen die Schüler einmal schauen, wie schnell sie „aus dem Stand einschlafen" können. Nach fünf Minuten, in denen der Lehrer recht schnell die stark übermüdeten Kinder ausmachen kann, lässt er sie einzeln erzählen, wie weit sie denn mit dem Einschlafen gekommen seien.*
   - *Eine zweite Methode benutzt einen kleinen Fragebogen. Darauf trägt jeder Schüler ein, von wann bis wann er zum einen in den letzten zwei Nächten, zum andern am Samstag und Sonntag des letzten Wochenendes geschlafen habe.*
   - *Fragen nach Fernsehzeiten oder Müdigkeitsgefühlen werden in der Regel nicht valide beantwortet. Daher sollte man sie gar nicht erst stellen.*
4. *Aufklärung der Erwachsenen über die Bedeutung von ausreichendem und regelmäßigem Schlaf an Elternabenden ist sinnvoll, aber leider von begrenztem Erfolg angesichts der Tatsache, dass heute viele Kinder mit dem Fernsehgerät als dem preisgünsti-*

geren Babysitter vorlieb nehmen müssen. Zeitschaltuhren zum abendlichen Abschalten des Fernsehgeräts sind in vielen Fernsehfamilien bereits verbreitet – als letzte Möglichkeit ...

5. *Es ist in vielen Schulen realistischer, sich mit dem Stundenplan auf die Auswirkungen hausgemachter Schlafstörungen der Schüler einzustellen. Dabei haben wir von guten Erfahrungen mit folgenden drei Orientierungen gehört:*
   - *Kein Unterricht in den ersten zwei Stunden, der hohe Aufmerksamkeit verlangt. Sportunterricht und Gruppenaktivitäten mit hoher motorischer Betätigungsmöglichkeit sind günstiger als Frontalunterricht.*
   - *Orientierung des Stundenplans an der durch den Biorhythmus vorgegebenen zweigipfligen Kurve über „Wachsamkeit und Leistungsfähigkeit über 24 Stunden" (Abb. 18). Diese Kurve verweist auf ein Leistungstief zwischen 8 und 10 Uhr und ein Leistungshoch zwischen 11 und 13 Uhr. Es folgt ein zweites Leistungstief zwischen 14 und 16 Uhr und ein zweites Leistungshoch zwischen 17 und 20 Uhr.*
   - *Erlernen der „Nap-Technik" mit den Schülern und Anwendung für jeweils 20 Minuten um 8:30 Uhr, um 12:30 Uhr und um 15:30 Uhr.*
6. *Ein Schulalltag, der sich am Biorhythmus der Schüler orientiert, sieht folgendermaßen aus:*
   - *Er beginnt jeden Morgen um 10 Uhr. Bis 13:30 Uhr läuft der Vormittagsunterricht, gefolgt von einer Mittagspause für Mittagsmahlzeit, Rückzug (auch der Lehrer!), Sport in den frühen Nachmittagsstunden und anschließend einer Stunde Zeit für*

eigene Lernarbeit (entsprechend der Hausaufgabenzeit). Eine zweite Unterrichtsphase schließt sich an in der Zeit von 16:30 bis 18 Uhr.

- *Der Abend zu Hause (ohne Hausaufgaben!) von 18:30 Uhr bis 20 Uhr ist garantiert schulfreie Zeit. Eine ruhige Stunde vor dem Einschlafen um 21 Uhr erleichtert das Einschlafen und das Durchschlafen bis 7 oder 8 Uhr. Kinder, die wegen der Berufstätigkeit der Eltern früh das Haus verlassen müssen, haben von 8 bis 10 Uhr in der Schule die Möglichkeit, alleine oder mit anderen zu spielen.*
- *Auch mit einem solchen Stundenplan können dreißig Stunden pro Woche im Klassenverband gelernt werden. Die Kinder sind vom Fernsehprogramm des Nachmittags „befreit" und kommen am Abend lediglich auf eine Stunde Fernsehzeit, wenn sie denn gar nicht darauf verzichten können. Die zermürbenden nachmittäglichen Kämpfe um Hausaufgaben und Rausgehendürfen entfallen, und der Morgen beginnt mit Spielen im Kreise der Alterskameraden.*

7. *Die augenblickliche Schulrealität ist überwiegend so gestaltet, als gäbe es keine medizinischen oder psychologischen Erkenntnisse über die Belastbarkeit der Kinder. Die Folgen sind Disziplinprobleme und unkontrollierbarer Fernsehkonsum – eine bedenkliche Verbreitung von Schlafstörungen und auf Überlastung zurückgehende Verhaltensstörungen der Grundschulkinder, unter denen nicht nur die Kinder selber zu leiden haben.*

9. Kapitel

Die Zeit der Vorpubertät (elftes und zwölftes/dreizehntes Lebensjahr)

Es gehört zu den eigenartigen blinden Flecken der Entwicklungspsychologie, dass die letzten Jahre vor der Pubertät so wenig erforscht worden sind, wo sie doch so vielen Kindern und Eltern Kopfzerbrechen bereiten. Das mag daran liegen, dass Kinder in diesen Jahren entweder als Noch-Kinder unterfordert oder als Schon-Adoleszente überschätzt werden. Es fällt uns auch sonst schwer, psychologisch angemessen mit Zwischenstadien umzugehen.

Das gleiche Schicksal hat bis ins neunzehnte Jahrhundert hinein die Adoleszenz, das Jugendalter, erlebt. Noch im achtzehnten Jahrhundert mussten sich die Kinder mit dreizehn, ja, oft schon mit zehn Jahren darauf einstellen, dass ihnen kein Moratorium mehr zum Ausprobieren gewährt werden würde, dass die Gesellschaft sie vielmehr von nun an wie Erwachsene betrachten und entsprechend behandeln werde. Sie waren in diesem Alter wie Erwachsene für ihre Gesetzesübertretungen zur Rechenschaft zu ziehen. Sie hatten ihr Elternhaus zu verlassen, um in der Fremde einen Lehrherrn zu finden oder sich aber in eine wirtschaftlich günstig erscheinende Eheschließung zu fügen.

Erst das zwanzigste Jahrhundert kennt eine psychisch und sozial angemessene Berücksichtigung der Jugendlichen als einer Altersgruppe, die sich vor dem Broterwerb noch einer langen Ausbildungszeit widmen, die sexuell experimentieren darf und die sich Zeit lassen soll, bevor sie ihre endgültige berufliche und soziale Identität findet.

Erst seitdem die Adoleszenz als eine Alterstufe mit einer eigenen biologischen und sozialen Gesetzmäßigkeit anerkannt worden ist und seit die Kinder nicht mehr kurz nach Beendigung ihrer Kindheit aus dem Hause geschickt werden, erst seit dieser Zeit ist für Eltern und Pädagogen die Frage interessant geworden, wie denn dieser rätselhafte Gestaltwandel eines Kindes in einen Adoleszenten vonstatten gehe.

In den Jahren der Präadoleszenz wird plötzlich deutlich, dass die Mädchen ihren männlichen Altersgenossen in der sexuellen und sozialen, ja, oft auch in der kognitiven Entwicklung, um zwei Jahre voraus sind. Die wieder zunehmende sexuelle Neugier der Jungen kommt den Mädchen gleichen Alters nur lästig vor, die Jungen ihrerseits stellen oft beschämt fest, wie unreif noch ihre männlichen Verhaltensweisen wirken. Die Acceleration, die Beschleunigung des Körperwachstums, die der Menarche bzw. der Pubarche vorangeht, schafft plötzlich ganz neue Probleme zwischen bis dahin gut befreundeten Kindern. Der eine ist quasi über Nacht zu einem baumlangen Fast-Erwachsenen geworden, der andere sieht noch aus wie ein Grundschulkind. Die Geschwindigkeit der körperlichen Veränderungen ist atemberaubend und überfordert die psychische Anpassungsfähigkeit fast aller Mädchen und Jungen diese Alters. Da ist es nicht erstaunlich, dass es zu einer sprunghaften Zunahme von Essstörungen und Depressionen bei den Mädchen und zu Schamproblemen, Tics und Zwangsstörungen bei den Jungen kommt, die die Jungen allerdings – wie es ihrem Geschlecht schon in der Kleinkindheit zu eigen war – durch Angriff und Bloßstellung anderer zu überspielen suchen.

Präadoleszente wirken psychisch labiler als Kinder. Ihre emotionalen Probleme haben aber meist nur eine kurze Dauer und sind überwiegend durch rasche hormonelle Anpassungsprobleme einerseits und durch Schwierigkeiten in der Suche nach freundschaftlichem Anschluss an die Gruppe der Gleichaltrigengruppe („peer group") ausgelöst.

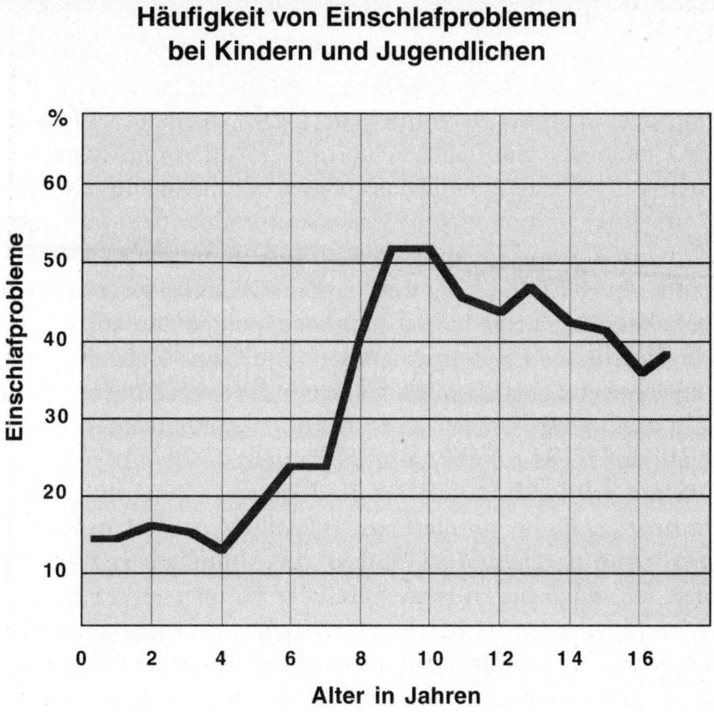

Abb. 19

Aber die Präadoleszenz bringt auch einen Rückgang der hohen Angstbereitschaft des Kindesalters und einen endgültigen Verzicht auf die magische Realitätsauffassung der Kindheit. Die Gesetze des Denkens und Schlussfolgerns ändern sich, und so werden Präadoleszente auf einmal zu kleinen Philosophen, die über die Gültigkeit bestimmter Anordnungen der Eltern und Erzieher grundsätzlich debattieren wollen. Stärkere Orientierung an den Gesetzen des sozialen Lebens außerhalb der Familie und eine Verinnerlichung der elterlichen Moralvorstellungen lassen allmählich ein auch juristisch voraussetzbares Unrechtsbewusstsein entstehen, das dem derzeit gültigen Zeitpunkt der Strafmündigkeit (nach Abschluss des vierzehnten Lebensjahres) um einige Jahre vorangeht.

Diese vielfältigen körperlichen und seelischen Umwälzungen muss man sich vor Augen halten, wenn man verstehen will, was Präadoleszente um den Schlaf bringt. Das Auffälligste am Schlaf in diesen Jahren ist die drastische Zunahme von Einschlaflatenz und Einschlafproblemen. Jedes zweite Mädchen und jeder zweite Junge zwischen zehn und dreizehn Jahren haben abends Mühe, abzuschalten und in den Schlaf zu finden. Die lange Zeit, die viele vor dem Einschlafen noch lesend im Bett verbringen, ist ein Zeichen dafür, wieviel erst im Kopf sortiert werden muss, ehe man bereit ist, das Licht zu löschen.

Die etwa 2%, die in diesem Alter noch in der Nacht einnässen, haben größte Schwierigkeiten, mit ihrem Handikap fertig zu werden, besonders, da es nun mit zunehmenden sexuellen (meist autoerotischen) Empfindungen einhergeht. Diese Kinder brauchen spätestens jetzt fachliche Hilfe, damit sie ihre adoleszentäre sexuelle Reifung nicht mit der Vorstellung eines „schmutzigen Makels" beginnen.

Das nun beginnende Wachsen der Brüste, des Penis' und der Schamhaare geht einher mit ersten Versuchen, die reife Geschlechtsrolle der Erwachsenen auszuprobieren. Das führt nicht nur bei den Betroffenen selber, sondern auch bei ihrer Umwelt zu vielfältigen Verwirrungen. Viele begegnen diesem Problem, indem sie ihren Körper in übergroßen Pullovern verstecken oder gar beschließen, sich überhaupt nicht mehr weiter zu entwickeln. Die folgenreichste Form dieser prä- oder frühadoleszentären Verweigerung kann schließlich zum Krankheitsbild der Magersucht führen.

Zum Glück ist es nur jede(r) Fünfte – aber so viele sind es immerhin –, die/der mit irgendeiner klinisch auffälligen Symptomatik auf die inneren Veränderungsprozesse der Präadoleszenz reagiert.

Um Mädchen und Jungen in diesem „schwierigen Alter" gerecht zu werden, empfiehlt es sich für Eltern, Erzieher und Lehrer, bei ihnen mit rasch wechselnden und widersprüchlichen Gestaltformen zu rechnen. Das Instabile ist das stabile Erscheinungsbild der Präadoleszenz. Gönnen wir also den Nicht-Mehr-Kindern und Noch-Nicht-Jugendlichen ihre langen Trödel- und Lesezeiten beim abendlichen Einschlafen!

Schlafen und Träumen zur Zeit der Vorpubertät

1. *Noch-Kinder und Fast-Erwachsene sind die Mädchen und Jungen, wenn sie die Grundschulzeit hinter sich haben. Das macht ihnen zum Teil erhebliche Probleme nicht nur mit der Umwelt, die sie mal zu jung, mal zu alt einschätzt. Auch mit ihrem eigenen Körper haben vorpubertäre Kinder oft Schwierigkeiten, denn sie spüren, dass die Reise nun in einen Entwicklungsabschnitt beginnen soll, in dem sie endgültig Abschied von der Kindheit nehmen. Sie sind in dieser Zeit seelisch besonders verletzbar und schwanken zwischen dem Wunsch, schnell in eine Erwachsenenrolle zu springen („Frühreife") und dem Bedürfnis, sich gar nicht mehr weiterzuentwickeln („Regression"). Promiskuität und Magersucht sind die zum Glück seltenen Extreme unzureichender Lösungsversuche aus der Kindheit. Es ist sehr hilfreich, wenn sich die Kinder in diesem Alter viel mit ihrem eigenen Körper beschäftigen können (Masturbation, ausgiebiges Duschen, Sport u. a. m.).*

2. *In der Vorpubertät brauchen die Kinder die relativ längste Zeit, um abends in den Schlaf zu finden. Diese Zeit, die sie gerne in ihrem eigenen Zimmer verbringen, sollten die Eltern ihnen gewähren und am Abend – wie auch am Tage – sich bemühen, ihren Kindern das Recht auf Intimität, auf Rückzug und Geheimnisse nicht zu beschneiden.*
3. *Eltern sollten sich daran gewöhnen, dass sie nicht mehr die wichtigste Rolle in den sozialen Beziehungen ihrer Kinder spielen. Die Gruppe der Gleichaltrigen („peer group") tritt nun an ihre Stelle. Hier sind tagsüber heftige Kämpfe auszustehen und Schlachten zu gewinnen – um Rangpositionen und um Mithaltenkönnen bei Erwachsenenthemen der Sexualität, des Geldes und der Pflege von Freundschaften und Feindschaften.*
4. *Daher zentrieren sich die Sorgen und Wünsche, die zu den langen Einschlafzeiten dieses Entwicklungsabschnittes gehören, auf Schamprobleme und auf Ängste, sozial nicht akzeptiert zu werden.*
5. *Die Gefühle schwanken oft heftig zwischen Freude, Hass, Trauer und Depression. Meist sind sie nur von kurzer Dauer. Sorgen sollten Eltern sich über diese emotionale Instabilität aber nur machen, wenn eine Gefühlsrichtung zu lange fortbesteht und das gesamte Verhalten ihres Kindes bestimmt.*
6. *Eltern sollten sich schon einmal darauf einstellen, dass die Schulzensuren ihres Kindes in den nächsten Jahren wahrscheinlich absinken können. Das führt zu Schulangst oder Schulverdrossenheit. Ängste vor der Klassenarbeit an nächsten Tag rauben den Schlaf und sollten nicht durch Leistungsanforderungen verstärkt werden, die für das Kind der Grund-*

schulzeit vielleicht noch abgemessen gewesen sein mögen.

7. *Vorpubertäre Kinder tasten sich erst langsam an das Thema Sexualität heran. Der Weg dahin über körperlich enge Beziehungen zu gleichgeschlechtlichen Freunden ist zumeist sehr hilfreich und sollte Eltern nicht dazu verleiten anzunehmen, ihr Kind sei homosexuell oder lesbisch veranlagt. Wirkliche homosexuelle oder lesbische Neigungen kündigen sich nicht erst in der Vorpubertät an.*
8. *Hartnäckige Durchschlafstörungen, frühes Erwachen und chronische Alpträume können in diesem Alter Hinweise auf eine depressive Störung sein, vor allem bei Mädchen.*

10. Kapitel

Ausblick: Pubertät und Adoleszenz

Wenn wir den Gang der Schlafentwicklung bis zum Alter von zwölf/dreizehn Jahren überschauen, so stellen sich die meisten Schlafprobleme der Kinder so dar, als nähmen sie mit dem Alter allmählich ab. Doch dieser Eindruck trügt. Seltener werden lediglich die Probleme, die eng an die körperliche Reifung der Kinder gebunden sind, wie z.B. das nächtliche Einnässen, der Pavor nocturnus oder die Durchschlafstörungen. Jenseits der Kindheit bekommen Schlafprobleme eine ganz andere Bedeutung, sie werden zunehmend symptomatischer Ausdruck seelischer oder körperlicher Überlastung des Organismus. Für die Adoleszenz kommen nun noch drei ganz spezifische Veränderungen des Schlafmusters hinzu: Die Schlafrhythmusverschiebungen, das erhöhte Schlafbedürfnis der Jugendlichen und der deutliche Rückgang der REM-Phasen-Dauer.

Jugendliche kommen mit durchschnittlich 8,5 Stunden Schlaf aus. In dieser Zeit entfallen lediglich noch 1,5 Stunden aufs Träumen. Dennoch klagen sehr viele Jugendliche über Tagesmüdigkeit und – vor allem am Wochenende – über wilde Alpträume, aus denen sie oft völlig erschöpft erwachen. Der Grund dafür liegt darin, dass sie fast regelmäßig zu spät zu Bett gehen und am Wochenende bis weit in die Mittagsstunden „ausschlafen". Damit verkürzen sie unter der Woche sträflich den Anteil ihrer Tiefschlafphasen, werden Tag für Tag müder und versuchen vergeblich, den fehlenden Schlaf am Wochenende nachzuholen.

Da sie aber auch in den Freitag- und Samstagnächten meist nicht vor Mitternacht in den Schlaf finden, schlafen sie am nächsten Vormittag lange aus. Leider erlaubt ihnen ihr Biorhythmus in den Morgenstunden keinen Tiefschlaf mehr. So dehnen sie die Traumphasen aus und riskieren damit eine lange Periode erhöhter Ausschüttung des Stresshormons Cortisol, wie sie für die morgendlichen Traumphasen typisch ist. Die Folge ist eine anhaltende subdepressive Verstimmung, die ihnen auch die kurze Erholungszeit an den Nachmittagen des Wochenendes verleiden kann.

Jugendliche sind nur schwer erreichbar mit Argumenten, die auf eine gesündere Lebensführung abzielen. Daher sind auch anstrengende Diskussionen im Familienkreis selten von Erfolg gekrönt. Dennoch sind ihnen die Auswirkungen ihrer chronischen Schlafdefizite durchaus nicht gleichgültig.

Nach unserer eigenen Erfahrung aus Gesprächen, zu denen uns Jugendliche in unserer Schlafambulanz aufgesucht haben, setzen sie jedoch gerne Vorschläge um, die kein Verbot ihrer jugendlichen Lebensweise beinhalten. Dabei haben sich zwei Orientierungen bewährt, die allerdings einige Disziplin und ausreichenden Leidensdruck voraussetzen.

Die augenblicklich bekannten Daten über die Häufigkeit, mit der Jugendliche auf den Rettungsanker „Nap" zurückgreifen, besagen, dass es nur 12 % in dieser Altersgruppe sind, 14 % bei den Erwachsenen im Berufsleben und 25 % unter den alten Menschen.

Für alle die Jugendlichen, die über längere Zeit unter häufigen depressiven Verstimmungen leiden („Dysthymia"), und das sind vor allem die Mädchen und die jungen Frauen, ist es besonders ratsam, die morgendlichen Traumstunden so kurz wie möglich zu halten, da für sie die lange Stresshormonbelastung während des Träumens ein hohes Risiko für affektive Verstimmungen bedeutet.

Alle, die die Nap-Technik erlernen wollen, sollten lange experimentieren, bis sie die für sie stimmige Kurzschlafzeit ermittelt haben. Nach unserer Erfahrung kann sie zwischen 4 Minuten und einer Stunde liegen. Das Kriterium ist, dass sich der Kurzschläfer nach dem Aufwachen durch den Wecker schnell wach fühlt und keinen Überhang an Schläfrigkeit verspürt. Ist ihm die individuell höchst spezifische Nap-Zeit bekannt, so kann der Kurzschläfer davon ausgehen, dass sie für ihn über viele Jahre Gültigkeit behält. Und noch eines: Jugendliche mit einer eher hypotonen Kreislaufregulation (niedrige Blutdruckwerte, die sich bei Anstrengung nur langsam erhöhen) sollten eher kürzere Nap-Zeiten bevorzugen, da der Blutdruck im Schlaf abfällt und mit seinem niedrigen Ausgangswert ein zusätzliches Handikap beim Aufwachen bedeutet.

Damit endet unsere Erzählung von den Kinderreisen durch die Nacht da, wo sie angefangen hat: Nun machen die Jugendlichen die Nacht zum Tag, wie sie es einst bereits als Säuglinge gehalten haben – nur dass diesmal die Eltern nicht mehr die Leidtragenden sein müssen, sondern die Kinder als Jugendliche selber!

Schlafprobleme in der Adoleszenz

Empfehlungen für Jugendliche

1. *Wenn Jugendliche auf durchschnittlich 8,5 Stunden Schlaf innerhalb von vierundzwanzig Stunden kommen, darin eingeschlossen 1,5 Stunden Zeit zum Träumen, so ist diese Schlafdauer völlig ausreichend. Dennoch klagen viele Jugendliche über erhöhte Tagesmüdigkeit und häufiges, erschöpfendes Träumen – vor allem in den Morgenstunden der schul- oder arbeitsfreien Tage.*

2. *Jugendliche tendieren dazu, anhaltend zu spät einzuschlafen und in den Morgenstunden am Wochenende sehr lange „auszuschlafen", ohne dabei ausreichende Erholung zu finden. Sie können die versäumte Menge an Tiefschlaf nicht durch Ausschlafen am Morgen nachholen, da dies die am Biorhythmus orientierte Aufteilung der Schlafstadien nicht zulässt. Das lange Träumen am Vormittag bedeutet eine ausgedehnte Exposition mit dem Stresshormon Cortisol und führt bei vielen zu über Stunden anhaltenden depressiven Verstimmungen.*
3. *Die attraktivsten Aktivitäten der Adoleszenten liegen nun mal in den Stunden um Mitternacht. Daher kann es nicht ratsam sein, Jugendliche dazu zu bringen, darauf zu verzichten, nur um früher einzuschlafen – für die ungeliebte Schule am nächsten Tag. Der Preis dafür, dass sie auf diese wichtigen Stunden sozialen Lernens auf Dauer verzichteten, wäre eine Erschwerung der Ablösung vom Elternhaus. Eine solche Einschränkung aber zieht in vielen Fällen psychische Probleme nach sich, denn Jugendliche brauchen, um die Entwicklungsaufgaben ihrer Altersstufe zu meistern, Gelegenheit, über vielfältiges Ausprobieren von Beziehungen und Identitätsvorgaben in ihrer „peer group" zu eigenen Lösungen zu finden.*
4. *Zwei Methoden haben sich bewährt, den chronisch drohenden Schlafmangel zu kompensieren, ohne dass das Nachtleben wesentlich eingeschränkt werden muss:*
   - *Um dem zunehmenden Tiefschlafdruck zu begegnen, reicht es aus, an einem oder an zwei Abenden in der Woche früh, d.h. vor 22 Uhr, zu Bett zu gehen.*

- *Durch eine diziplinierte Nutzung der „Schlaffenster“ am Tage lässt sich die notwendige Schlafdauer in der Nacht deutlich reduzieren. Unter einem Schlaffenster versteht man die etwa einstündigen Intervalle, in denen der Übergang in den Schlaf besonders schnell gelingt. Alle vier Stunden bilden sich, entsprechend dem Biorhythmus des Tages, solche Schlaffenster aus: Von 9–10 Uhr, von 13–14 Uhr, von 17–18 Uhr und von 21–22 Uhr. Zu diesen Zeiten erhöhter Müdigkeit empfehlen sich kurze Naps von 20–30 Minuten Dauer, zumindest aber eine Rücknahme der Aktivität und kein Gegensteuern durch Nikotin oder Coffein, geschweige denn durch Drogen.*
- *Auch sollten Jugendliche bedenken, dass Alkohol in der Nacht zwar entspannt und kurzfristig schläfrig macht, nach wenigen Stunden bereits aber durch seinen biologischen Abbau zu starken Weckreaktionen führt, so dass nach wein- oder bierseligem Einschlafen alsbald eine durchschlafgestörte Nacht folgt.*

5. *Mit einer Änderung der speziellen jugendlichen Zeiteinteilung ist nicht vor Eintritt ins Berufsleben zu rechnen. Und auch dann können diese beiden oder drei Orientierungen von Nutzen sein.*

III.

GESTÖRTE NÄCHTE

11. Kapitel

Träume – Botschaften aus der Nacht

Wenn wir im Alter von siebzig Jahren auf unser Leben zurückblicken, können wir feststellen, dass es darin mindestens sechs Jahre gegeben hat, in denen wir uns in einer „anderen Realität" befunden haben, in der Welt des Traumes. Davon fallen alleine mehr als drei Jahre in die Zeit der Kindheit. Der Traumzeit der Kindheit wird von der Natur eine Bedeutung zugemessen, die fünfmal so groß ist wie die des gesamten Erwachsenenlebens. Dabei wissen wir ausgerechnet am wenigsten über die Traumzeit, die für unsere geistige Entwicklung wahrscheinlich die bedeutungsvollste überhaupt ist, nämlich die Zeit vom Beginn der Traumtätigkeit in der 30. Schwangerschaftswoche bis zum Beginn des Sprechens gegen Ende des ersten Lebensjahres.

Die Geschichte der Wissenschaft vom Traum handelt über Jahrtausende hin von den zumeist spektakulären Einzelberichten begabter Träumer und Traumerzähler. Heute nehmen wir an, dass diese Träumer eine starke Auswahl getroffen haben. Sie haben die Traumerlebnisse kurz vor dem Aufwachen bevorzugt und unter diesen auch nur diejenigen, die in ihrer bildhaften Ausdruckskraft oder in ihrer symbolischen Tiefe ihr besonderes Interesse hervorgerufen haben.

Systematische Untersuchungen des Träumens, die sich auf die gesamten ein bis zwei Stunden Traumtätigkeit im Schlaf einer Nacht beziehen, gibt es erst seit gut fünfzig Jahren. Erst seit diesem Zeitpunkt ist es möglich, den Träumer nach Auftreten von REM-Phasen im Schlaf-EEG (meist im Schlaflabor) zu wecken und ihn berichten zu lassen. Seitdem hat sich vor allem unsere Vorstellung vom emotionalen Gehalt der Träume sehr geändert. Unser Wissen von der Funktion des Träumens als einer speziellen Lerntätigkeit des Gehirns ist noch viel jüngeren Datums, kaum zehn Jahre alt. Zuverlässige Daten über kindliche und jugendliche Träume gibt es erst seit wenigen Jahren.

Heute stellt sich uns das Traumphänomen als ein höchst rätselhaftes Geschehen in der Nacht dar, das uns an die Grenzen der menschlichen Erkenntnismöglichkeit erinnert. Denn wir müssen uns immer wieder fragen: Kann das denkende Gehirn sein eigenes Denken überhaupt begreifen oder tendiert es nicht dazu, immer wieder das zu finden, was es eigentlich schon kennt? Träumen ist ein subjektives Geschehen, und daran hat auch die bahnbrechende Entdeckung von Aserinsky und Kleitman nichts geändert, die erstmals im Jahre 1953 festgestellt haben, dass berichtbare Träume in fast allen Fällen mit einer REM-Tätigkeit des Gehirns einhergehen. Heute wissen wir außerdem, dass Kinder wie auch Erwachsenene im Schlaflabor aus jeder zweiten Non-REM-Weckung Träume berichten können. Wir wissen aber nicht, ob alles, was der Träumende berichtet, auch in der gerade durchlebten Schlafphase aufgetaucht ist. Vielleicht benutzt er beim Erwachen aus dem REM- oder Non-REM-Schlaf seinen gesamten „wachen Verstand", um das Unbegreifliche, das ihm im Laufe der Nacht widerfahren ist, in Worte zu fassen …

Definition

Der Traum ist eine besondere kulturelle Leistung des Menschen, die ihm – ab dem vierten Lebensjahr – wie der Zugang zu einer zweiten Wirklichkeit vorkommt. Der erinnerte Traum nimmt seinen Ausgang von einem meist optischen Erleben im Schlaf, das dem Träumenden nicht unmittelbar einsichtig ist. Über Worte, Sätze, Zeichnungen oder spielerische Darstellungen gewinnt der Traum eine Gestalt, die auf diese Weise interpretierbar wird.

Vor etwa dreieinhalbtausend Jahren spielte sich im mächtigen alten Ägypten – so der Bericht des Schreibers des 1. Buches Mose im Alten Testament – eine steile Karriere eines gefangenen, jungen und schönen Sklaven ab, die er alleine seiner Kunst, mit der Deutung von Träumen die Zukunft vorherzusagen, verdankte. Pharao hatte in einer Nacht zwei Träume gehabt, die seinen „Geist beunruhigt" hatten. Alle Wahrsager und Weisen des Reiches hatten sich als unfähig erwiesen, die Träume zu deuten. Da erinnerte sich sein Obermundschenk, wie ihm vor ein paar Jahren, als er noch ungewisse Wochen im Kerker verbringen musste, ein hebräischer Sklave seinen Traum als Prophezeihung seines Aufstiegs bei Hofe gedeutet hatte. Und genau so war es dann eingetreten.

Da holte man den Sklaven, Joseph aus Kanaan, den seine neidischen Brüder den „Träumer" genannt hatten, aus dem Kerker und brachte ihn vor den Pharao. Joseph verwies darauf, dass nicht er selbst Träume deuten könne: „Gott wird dem Pharao Heil verkünden." Und so lauteten die Träume des Pharao: „Mir träumte, ich stehe am Ufer des Nil. Da stiegen aus dem Nil sieben fette, schöne Kühe und weideten im Grase. Nach ihnen stiegen sieben andere Kühe herauf, dürr und überaus hässlich und mager … Und nun fraßen die mageren, hässlichen Kühe die sieben ersten, fetten Kühe auf … Dann hatte ich nochmals einen Traum: Sieben Ähren wuchsen auf einem Halme, voll und schön; nach ihnen sprossten sieben harte, dünne Ähren, vom Ostwind versengt, und die dünnen Ähren verschlangen die sieben schönen Ähren …" Da sprach Joseph zum Pharao: „Beide Träume des Pharao bedeuten dasselbe. Gott hat dem Pharao verkündet, was er tun will. Die sieben schönen Kühe sind sieben (fette) Jahre, und die sieben leeren, vom Ostwind versengten Ähren werden sieben Hungerjahre sein … Dass aber der Pharao zweimal geträumt hat, das bedeutet, dass die Sache bei Gott fest beschlossen ist und dass Gott es alsbald tun wird." Weil Joseph sich nun als so weise erwiesen hatte, wurde er vom Pharao zum Zweitmächtigsten in ganz Ägypten ernannt, um die Hungersnot durch Einsparungen in den „sieben fetten Jahren" abzuwenden. Seine Umsicht bei der Ausübung dieses Amtes festigte seine Stellung so sehr, dass er bis ins hohe Alter von 110 Jahren in großem Ansehen in Ägypten lebte.

Diese Geschichte ist der Bericht von der ersten „wissenschaftlichen Traumdeutung", denn sie handelt davon, wie wirkliches Wissen geschaffen worden ist. Ein entscheidendes Kriterium für Wissen ist ja die Übereinstimmung mit der Realität ...! Auch damals schon hatte sich das bloße Sammeln von Fakten, dessen sich die „Gelehrten" befleißigt hatten, als nicht hinreichend erwiesen.

Eine andere Tradition des Traumverständnisses finden wir in einem berühmten Kindertraum des 15. Jahrhunderts n. Chr. Die 13-jährige Jeanne d'Arc, ein einfaches französisches Bauernmädchen, erzählte, sie habe Stimmen im Traum gehört. Diese hätten ihr befohlen, dem französischen König zu dienen und die Engländer aus dem Lande zu werfen. So geschah's. Jeanne d'Arc aber starb nur zwei Jahre später als Ketzerin auf dem Scheiterhaufen in Rouen – und wurde erst fünfhundert Jahre später heilig gesprochen.

Der Träumer hat Visionen, das besagt diese zweite Traumauffassung, und er muss danach handeln. Noch heute haben Kinder bis zu ihrem vierten, manche bis zum siebten, Lebensjahr die feste Überzeugung, ihre Träume seien real. Erst mit acht Jahren, wenn die Zeit des magischen Denkens vorüber ist, sind sie sich ganz sicher, dass es zwischen Traum und Tagesrealität keine Überschneidungen gibt. Zumindest nehmen sie dann nicht mehr an, dass auch eine zweite Person ihre Traumbilder sehen könne.

Visionär sind auch die kreativen Träume der Künstler und Erfinder. Den italienischen Komponisten Giuseppe

Tartini suchte eines Nachts der Teufel auf und spielte ihm ein virtuoses Stück auf seiner Violine vor, so kompliziert und zugleich so melodisch, wie er nie zuvor ein Stück gehört hatte. Als er aufwachte, nahm er Papier und Feder zur Hand. So entstand im Jahre 1754 die berühmte „Teufelstriller-Sonate".

Der deutsche Chemiker Friedrich Kekulé suchte vor über einhundert Jahren vergeblich lange Zeit nach einer geeigneten Formel für die besonderen Eigenschaften eines Verbundes von Kohlenstoff- und Wasserstoffmolekülen, die er jahrelang studiert hatte. Da träumte er eines Nachts von einer Schlange, die sich selber in den Schwanz biss … Dieser Traum führte ihn endlich zur Lösung seines Problems. Seitdem gilt Kekulé als der „Erfinder" des Benzolrings.

Eine dritte Art, die Botschaft der Träume zu entschlüsseln, geht auf den Wiener Arzt und Begründer der Psychoanalyse Sigmund Freud zurück. In seinem im Jahre 1900 veröffentlichten Buch „Die Traumdeutung" führt er auf gut 700 Sciten aus, worauf sich seine Traumtheorie gründet: „Der Traum ist die Erfüllung unbewusster Wünsche." Von dieser psychoanalytischen Traumtheorie geht bis heute eine große intellektuelle Faszination aus. Das mag daran liegen, dass sie keine Götter, Teufel oder Stimmen mehr voraussetzt, um die Quelle der Traumbotschaft zu benennen. Damit ist sie für den aufgeklärten abendländischen Menschen besser zu akzeptieren. Zum anderen ermögliche sie es, so Sigmund Freud, jedem Menschen, einen Zugang („via regia") zu den verdrängten Anteilen seiner Psyche zu finden und sich damit aus der tradierten kindlichen Abhängigkeit zu befreien.

Der Traumpsychologe Freud hat also den grundsätzlichen Widerspruch zwischen Traum- und Realitätsbewusstsein nicht akzeptiert und damit an eine Realitätsauffassung angeknüpft, die wir als Kinder bis weit ins Vorschulalter zu teilen pflegen.

Freuds Schüler haben seine Traumtheorie zum Teil abgelehnt, zum Teil abgewandelt und an die Stelle des (sexuellen) Unbewussten den Machtwillen (Alfred Adler) oder die Rückführbarkeit auf „Archetypen", d.h. auf Grundsymbole des Menschen (Carl Gustav Jung), gesetzt.

Sigmund Freud und seine Schülerinnen und Schüler unterschieden zwischen dem „manifesten Traum" (der in Bildern oder Worten wiedergegeben werden kann) und dem „latenten Traum" (der nur durch psychologisches Verstehen zu erfassen ist). Viele Autoren des 20. Jahrhunderts, die sich auf „tiefenpsychologisches Wissen" berufen, gehen davon aus, dass die bildhafte Sprache der Träume nach einem „Traumlexikon" übersetzt werden könne. Leider hat sich Sigmund Freud selbst, ganz entgegen seiner eigenen Theorie, betont mit dem manifesten Traum beschäftigt und dessen Symbole nach festen Vorgaben gedeutet.

Die Tradition der Lexikon-Deutung hat sich seit der Veröffentlichung des eindrucksvollen Traumbuchs des Artemidoros von Dadis, fast zweihundert Jahre nach Christi Geburt, bis auf den heutigen Tag am Leben erhalten. Wissenschaftliche Begründungen für diese Deutungen gibt es nicht; auch widersprechen sich die meisten Traumbücher gegenseitig. Aber mit einem solchen Traumlexikon im Gepäck lässt sich beeindruckender psychologischer Schabernack treiben. So soll das, was links im Traum auftaucht, die Sünde oder das Unrecht bedeuten. Und wenn einem Kaufmann im Traum die Zähne ausfielen, dann bedeute das die Aussicht auf gute Geschäfte; nach einer anderen Deutungsweisheit bedeute dasselbe Traumbild allerdings Kastration… Tauche ein Rasiermesser auf, so bedeute das „Ärger im Familienkreis".

Seit es nun eine empirische und experimentelle Traumforschung gibt, haben wir Kenntnisse von dem Zustand des Träumers und den Eigentümlichkeiten des Traums, die es viel schwieriger machen, eine allgemeine Traumtheorie zu formulieren, die zu den neuen Befunden wirklich „passt". Heute geht es uns mit den Träumen so wie „Alice in Wonderland" in jenem spannenden Kinderbuch (1865) des verschrobenen Mathematikers aus Oxford, Lewis Carroll. Wir sehen immer mehr phantastische Gestalten und können immer weniger sagen, was sie bedeuten; aber sie „sprechen" zu uns, und wir können sie – jeder auf seine Weise – verstehen.

Welche neuen Befunde hat uns in den letzten Jahrzehnten die experimentelle Traumforschung beschert, die die bunten Theorien der letzten 3000 Jahre in nur knapp fünfzig Jahren über Bord geworfen haben?

Da ist zum einen unser Wissen darüber, was sein Gehirn so alles mit dem Träumenden anstellt, während es sich in einer der vier bis sechs REM-Phasen einer Nacht befindet. Und da sind zum andern die Befunde über die Quellen, aus denen sich unsere (erinnerbaren) Träume speisen.

Der Träumende befindet sich körperlich in einem Zustand höchster Aktivität und ist doch gelähmt an Leib und Gliedern. Eine gute Stunde nach dem Einschlafen beginnt bei Kindern die erste, zumeist nur sehr kurze, Traumreise, auf der sie gleichsam betäubt werden, damit sie ungestört reisen können. Bei Weckexperimenten hat man gefunden, dass sie während der REM-Phasen viermal so schwer zu wecken sind wie in den Tiefschlafphasen. Die Muskelaktivität sinkt zur Energieeinsparung auf nahe Null; eine sehr sinnvolle Einrichtung, verhindert sie doch, dass das Kind direkt umsetzen kann, was ihm im Traum so alles an Einfällen kommt. Lediglich die Augenmuskeln werden rhythmisch angespannt und lassen die Augäpfel unter den geschlossenen Lidern zumeist horizontal hin und her rollen. Dabei rollen die Augäpfel umso schneller, je erregender der Traum ist. Sie können sich auch in der Vertikalen bewegen, z.B. wenn der Träumende sich gerade anschickt, mit der Leiter auf einen Baum zu steigen.

Das ganze Schauspiel, das sich dem Träumenden darbietet, kommt dadurch zustande, dass eine Gruppe von Nervenzellen im vorderen Hirnstamm über eine andere Gruppe im hinteren Hirnstamm für ein bis zwanzig Minuten die Oberhand gewonnen hat. Die vordere Gruppe produziert das „aufwühlende Stresshormon" Acetylcholin und setzt damit das gesamte Gehirn unter Feuer. Die hintere Gruppe produziert das „Kontroll-Stresshormon" Noradrenalin und das „Hab-Acht-Hormon" Serotonin. Kontrolle und Angst/Vorsicht werden also während der Traumphasen außer Kraft gesetzt. Im EEG kann man sehen, wie die langsamen Wellen des Tiefschlafs allmählich in die schnellen „Sägezahnwellen" des REM-Schlafs übergehen. Damit sieht das Traum-EEG dem Wach-EEG sehr ähnlich. Das deutet bereits auf eine erhöhte geistige Tätigkeit hin.

In den letzten Jahren haben Forscher mit einer ganz neuen Methode (Positron-Emissions-Tomographie, PET) herausgefunden, dass der Energieverbrauch der geistigen Arbeit im Traum sogar noch höher ist als im Wachzustand des Gehirns. Die inneren Organe Herz, Lunge und Gefäßsystem arbeiten auf Hochtouren. Alles ist darauf ausgerichtet, dem Gehirn soviel wie möglich Sauerstoff und Blutzucker zur Verfügung zu stellen.

Auch die Produktion von Geschlechtshormonen wird erhöht, wodurch im Traum starke Emotionen bereitgestellt werden. Das hat zur Folge, dass Penis und Clitoris stark sexuell erregt werden, was vor allem viele Jungen in der Vorpubertät, wenn sie sich noch wenig mit ihrem Sexualleben beschäftigt haben, irritiert, nicht nur weil es zur Erektion des Gliedes kommt, sondern weil sogar ein Samenerguss erfolgen kann.

Warum wendet das träumende Gehirn all diese Energie auf? Unsere derzeitige Antwort lautet: Weil das Vorderhirn, in dem unser Wille, unsere Persönlichkeit und die damit verbundenen hoch komplexen Gedächtnisinhalte verankert sind, optimale Bedingungen braucht, um neue Eindrücke mit alten zu vergleichen, zu verbinden und „sinnvoll" umzugestalten. Alles, was für die Lebensaufgaben des Träumenden zur Zeit nicht so wichtig ist, wird zum Teil gelöscht und zum Teil in tiefere Schichten des Gedächtnisses abgelegt, aus denen es bei Gelegenheit wieder abgerufen werden kann. Zu diesem Zweck wird auch die Eiweißsynthese während des Träumens erhöht, denn Eiweißmoleküle sind die Träger unseres Gedächtnisses. Ohne diese ordnende Tätigkeit unseres Gehirns wären wir rasch von der Fülle der Tagesinformationen überschwemmt und verlören unsere Orientierung.

Interessant ist, dass sich das Gehirn dabei mehr auf Aktivität der nicht-dominanten Hälfte des Gehirns verlässt, in der wir fühlen und eher ganzheitlich denken. Das ist bei einem Rechtshänder die rechte und beim Linkshänder die linke Gehirnhälfte. Die dominante Gehirnhälfte, in der wir logisch denken, planen und Sprache erzeugen, trägt zur Traumproduktion wesentlich weniger bei. Sie benutzen wir dafür tagsüber stärker, um Gedächtnisinhalte abzurufen und uns Lösungen auszudenken. Ist es da verwunderlich, dass wir im Traum – wie Kekulé, als er den Benzolring fand – auf Lösungen stoßen, die uns im Wachen unzugänglich bleiben?

Und noch etwas kann uns die Traumforschung erklären, nämlich die Beobachtung, die jeder von uns schon mehrfach gemacht hat: Gedächtnisinhalte, die unter Bedingungen starker Emotionen gespeichert worden sind, verhaften viel stärker im Gedächtnis als solche, die wir uns unter weniger „aufwühlenden" Umständen angeeignet haben.

Doch nun zu den Quellen, aus denen sich die Träume der Kinder speisen. Alles, was wir über die Träume der Kinder wissen, deutet darauf hin, dass sich die Gestaltung der verschiedenen Bereiche, aus denen der Traum entsteht, im Laufe der Entwicklung rasch verändert. Über den Inhalt der pränatalen Träume und der Träume des ersten Lebensjahres wissen wir bislang fast gar nichts. Wir wissen nur, dass die REM-Phasen in dieser Zeit mehr als 50 % der Schlafzeit ausmachen und dass ihre Rhythmisierung auf einen Dreiviertelstunden-Takt erst jenseits des dritten Lebensmonats beginnt. Aus systematischen Beobachtungen auf Neugeborenenstationen ist bekannt, dass Kinder wahrscheinlich immer dann lebhaftere (Herzschlagbeschleunigung) Träume haben, wenn sie tagsüber aufregenden Belastungen ausgesetzt gewesen sind.

Ferner sehen wir eine Zunahme von Angstträumen in Phasen, in denen Entwicklungsschritte bewältigt werden müssen, im sechsten Monat, wenn das Krabbeln, oder im zwölften Monat, wenn das Laufen beginnt. Wie auch in späteren Jahren, so kündigen sich im Säuglingsalter Infektionskrankheiten in der Zeit des Fieberanstiegs oft durch Alpträume an. Für die gesamte Säuglings- und Kleinkindzeit gilt, dass die Träume überwiegend durch das momentane Gefühlsleben gefärbt sind und dass sie als reale Ereignisse verstanden werden, die eine zweite Person auch sehen könnte. Erst in den ersten Jahren der Grundschule meinen die Kinder, die Träume kämen aus dem Kopf, seien aber dennoch „irgendwie wirklich". Menschen tauchen selten in Kinderträumen auf, dafür aber Tiere, bekannte und phantastische.

Als der berühmte Entwicklungspsychologe Jean Piaget einmal die siebenjährige Sarah fragte, woher ihrer Meinung nach die Träume kämen, da sagte sie:

„Träume kommen aus der Nacht."
„Wo gehen sie hin?"
„Überallhin."
„Womit träumst du?"
„Mit dem Mund."
„Wo ist der Traum?"
„In der Nacht."

Erst jenseits des neunten Lebensjahres verfügen die Kinder über die geistige Möglichkeit, sich Träume als „Phantasie" oder als „Einbildung" vorzustellen. Derselbe Entwicklungsschritt bringt ihnen übrigens auch die Vorstellung von der Endgültigkeit des Todes und nimmt ihnen das belastende Gefühl, sich immer wieder als Verursacher von Unglück und Krankheit ihrer nächsten Bezugspersonen mitdenken zu müssen. So markiert der Abschluss der „Zeit des magischen Denkens" schon drei bis vier Jahre vor Eintritt in die Pubertät das „Ende der Kindheit".

Bereits im Kindergartenalter wirkt sich das abendliche Fernsehen stark auf die kindliche Traumwelt aus. Gewaltfilme induzieren Gewaltträume, traurige Filme mobilisieren Trennungsängste. In den letzten Jahren sind die Fernsehzeiten der Kinder immer ausgedehnter geworden und in immer jüngerem Alter sind Kinder einem erhöhten Fernsehkonsum ausgesetzt. Im Kindesalter ist die Länge der Fernsehzeit ein verlässliches Maß für die Verarmung der kindlichen, vor allem der sozialen Erfahrungswelt. Die oft heftig geführten Familiendiskussionen darüber, welche Filme in welchem Alter und zu welcher Tages- oder Nachtzeit einem Kind zuträglich seien, lenken nur von dem eigentlichen Notstand ab, in dem sich sozial deprivierte Kinder inmitten unserer Wohlstandsgesellschaft befinden.

Angstträume führen bis weit in die Pubertät hinein Kinder wieder in die Betten ihrer Eltern. Erst einmal ist es gut zu verstehen, dass ein durch Angstträume geplagtes Kind davon ausgeht, bei den Eltern Schutz finden zu können. Sicher ist es auch ratsam, ein solches Kind wieder in sein Bett zurückzuführen (nicht zu schicken!). Aber bis weit ins Grundschulalter hinein flieht ein Kind nachts nicht deshalb sein Bett, weil es „nur schlecht geträumt" hat, sondern weil da gerade wirklich ein Krokodil in seinem Zimmer gesessen hat ...!

Alpträume treten während der gesamten Kindheit auf, indes gehäuft im Alter zwischen sechs und neun Jahren.

Hartnäckige Alpträume mögen sich zwar über die Zeit hin inhaltlich verändern, aber ihre emotionale Einfärbung bleibt über Wochen und Monate konstant. Sie verschwinden nach einer Strategie, die auch für Angststörungen am Tage gilt. Ein Kind, das es schafft, seine Angst zu bewältigen, wird entdecken, dass es ihm ergangen ist wie Jim Knopf in der Wüste (in Michael Endes phantastischer Erzählung „Jim Knopf und die Wilde 13") mit dem Scheinriesen Tur-Tur: Je weiter der Riese entfernt war, umso größer und unheimlicher erschien er. War er erst einmal ganz nahe herangekommen, so erwies er sich eher als kleines dünnes Männchen, mit dem Jim sich ganz gut verständigen konnte.

In unserer Freiburger Kinderschlafambulanz erzählen wir Kindern und Eltern von diesem „Tur-Tur-Phänomen" und ermutigen sie, den Riesen ganz nahe, bis zum Anfassen, an sich herankommen zu lassen, ihn zu malen und sich mit ihm zu unterhalten. Alptraumkinder sollten zwar wissen, dass sie nachts ihre Eltern aufsuchen dürfen, aber sie sollten auch einen Stift und einen Malblock neben ihrem Bett liegen haben und aufzeichnen, was sie gerade im Traum gesehen haben. Dabei tauchen bis in die Kindergartenzeit hinein nur einzelne Figuren, meist Tiere oder Fabelgestalten auf. Erst wenn ein Kind auch tagsüber Geschichten erzählen kann, wird es auch über zusammenhängende Handlungen im Traum berichten.

Psychologische Interpretationen von Alpträumen helfen dem Kind gar nichts. Eher kann es einmal nötig sein, einen Geist, der sich hinterm Vorhang eingenistet hat, zu verscheuchen und sei's mit einem Besenstiel. Manchmal will sich auch ein Schrankmonster auf ein Kind im Schlaf stürzen. Dann hilft es, wenn das Kind am nächsten Tage mit Hilfe der Eltern den Schrank mit dicken Schrauben wirklich gut an der Wand befestigen kann. Wichtig ist, dass es selbst aktiv etwas gegen die Angstgeister der Nacht tun kann!

Die Geister der Nacht sind zumeist zu sehen (visuell) oder zu hören (akustisch), selten zu fühlen (haptisch) und nur ganz vereinzelt einmal zu riechen (olfaktorisch) oder aber zu schmecken (gustatorisch). Das gilt übrigens auch für die Traumgestalten, die die Erwachsenen nachts aufsuchen!

Schon früh träumen Mädchen etwas anders als Jungen. Während die Jungen im Traum mehr springen, laufen und kämpfen, fühlen sich die Mädchen häufiger durch Umweltkatastrophen und Trennungen bedroht. Mädchen sind eher passiv in ihren Träumen, Jungen eher aktiv.

Die Trauminhalte von Jungen und Mädchen sind gleichermaßen in erster Linie durch Tageseindrücke (häufig Filminhalte) geprägt. Es folgen die Ängste vor Dunkelheit, vor dem Alleinsein, vor der Schule (häufiger vor Leistungsversagen als vor Mitschülern oder Lehrern), vor Familienstreit, vor Krankheit und vor Schmerzen.

Angst- und Alpträume umfassen zum Glück nur einen sehr geringen Anteil der gesamten Traumzeit der Kinder. Die häufigsten Traumgefühle sind positiv. Sehr selten einmal geht es um Schuld oder Scham. Und in jedem zweiten Traum spielen Gefühle überhaupt keine Rolle. In ihren Traumschöpfungen wirken Kinder wie auch Erwachsene eher unbegabter und unwissender als in ihren Phantasien des Tages. Es gibt auch kein Vorher und kein Nachher. Alles ist von geringer Dauer, wiederholt sich, wirkt bizarr und für die Situation oder die Person „völlig unangemessen". Die kritische Kontrolle des eigenen Selbstbildes ist ausgeschlossen. Errungenschaften der kulturellen Anpassung (auch der Überanpassung) entfallen im Traum, was die psychoanalytischen Traumdeuter zu der Auffassung geführt hat, dass im Traum die Abwehrmechanismen weitgehend unbenutzt blieben. (Es ist aber nicht logisch zwingend, deswegen im Traum den Ausdruck unterdrückter Wunscherfüllung zu sehen, wie es Sigmund Freud formuliert hat.)

Wir sind aus solchem Zeug wie das zu Träumen,
und Träume schlagen so die Augen auf
wie kleine Kinder unter Kirschenbäumen,
aus deren Krone den blassgoldnen Lauf
der Vollmond anhebt durch die große Nacht.
...Nicht anders tauchen unsre Träume auf,

sind da und leben wie ein Kind, das lacht,
nicht minder groß im Auf- und Niederschweben
als Vollmond, aus Baumkronen aufgewacht.
Das Innerste ist offen ihrem Weben;
wie Geisterhände in versperrtem Raum
sind sie in uns und haben immer Leben.

Und drei sind Eins:
ein Mensch, ein Ding, ein Traum.

Hugo von Hoffmannsthal

Wer einem Traumbericht mehrfach hintereinander zuhört, der wird feststellen, dass der Träumende seine Darstellung immer wieder verändert, mitunter nach Worten sucht, weil er das Gesehene so schwer zu fassen kriegt. Denn es fällt ihm schwer, sich von dem Traum abzugrenzen. Ebenso macht es auch jeder von uns, der am Tage etwas Überwältigendes erlebt hat, er glättet, er bringt eine Zeitstruktur und logische Zusammenhänge hinein, knüpft an bekanntes Wissen an und verweist auf psychologische Plausibilität.

Wer Träume weniger verzerrt untersuchen möchte, der sollte den Träumer ermutigen, möglichst wenige Stilmittel der Erzählkunst anzuwenden und sich nicht zu genieren, unbeholfen Worte aneinander zu reihen und sich der freien Assoziation zu überlassen. Erst der interpretierende Blick des Traumdeuters „erkennt" im mitgeteilten Traum Persönlichkeitszüge, Konfliktlösungen, Erinnerungen, Entwicklungsaufgaben oder Archetypen.

Auf dem langen Weg zum Traumverständnis der Kinder haben sich in unserer eigenen Traumarbeit mit Kindern folgende sieben Fragen zur Strukturierung eines Interviews als sinnvoll erwiesen:

Trauminterview mit Kindern

1. Mit welchem Gefühl bist du aus deinem Traum aufgewacht?
2. Was fällt dir spontan ein, wenn du an deinen Traum denkst?
3. Was siehst du, wenn du in deinen Traum zurückgehst, welche Orte oder Lebewesen tauchen auf? Wie läuft die Handlung des Traumes ab?
4. Was erlebst du von dem, was du geträumt hast, auch tagsüber?
5. Welche Lösungen, Botschaften, Aufträge, Verbote oder Erfindungen hat dir der Traum mitgeteilt?
6. Was ist „falsch" in deinem Traum, was kritisierst du, und was lehnst du ab? Was findest du so gut („toll"), dass du es dir auch tagsüber wünschen würdest?
7. Was brauchst du noch, um deinen Traum zu verstehen, auch wenn du bedenkst, dass man die meisten Träume gar nicht ganz verstehen kann?

Alpträume oder Angstträume tauchen in seltenen Fällen auch direkt nach Beginn des Einschlafens auf und führen dann zu hartnäckigen Einschlafstörungen. Dabei handelt es sich um ein Relikt aus der Säuglingszeit. Denn in den ersten drei Monaten beginnt der Schlaf der Kinder nicht mit Non-

REM-Phasen, sondern direkt, d. h. nach höchstens 15 Minuten, mit dem REM-Schlaf. Es ist bislang nicht bekannt, warum einige Kinder solche **„Einschlaf-Alpträume"** produzieren. Zum Glück taucht dieses Phänomen extrem selten auf. Untersucht werden kann es nur im Schlaflabor. Dann ist der Fachmann im Stande zu beobachten, ob es sich wirklich um dieses Phänomen handelt, um „hypnagoge Halluzinationen" wie bei Narkolepsie oder aber gar um ein spezielles kindliches Anfallsleiden („**komplexe fokale Anfälle mit lebhaften Halluzinationen**"). Narkolepsie und Epilepsie lassen sich dann gut mit Medikamenten behandeln.

Alpträume im Kindes- und Jugendalter

- **Definition:** Angsterregende Träume, die fast ausschließlich in der zweiten Nachthälfte auftauchen und häufig zum Aufwachen führen, wobei die Angst lange danach noch anhalten kann. Sie tendieren dazu, sich in ähnlicher Weise, jedoch mit Variationen des Inhalts, zu wiederholen. (Nach schweren Psychotraumata wiederholt sich der Inhalt allerdings stereotyp immer nach der gleichen Bilderabfolge!) Sie finden während des REM-Schlafs statt und können nach einer Phase der Verwirrtheit sofort erinnert werden. Die Traumerinnerung hält manchmal über Tage und Wochen an. In extrem seltenen Fällen tauchen Alpträume auch bereits in den ersten 15 Minuten nach dem Einschlafen auf (**„Einschlaf-Alpträume"**) und führen dann zu chronischen Einschlafängsten.

- **Vorkommen:** Etwa jedes zweite Kind im Alter zwischen 2 und 10 Jahren leidet irgendwann einmal an Alpträumen. Bei jedem fünften der betroffenen Kinder sind Alpträume schwerwiegend und lange anhaltend. Mädchen leiden dreimal so häufig an Alpträumen wie Jungen. Die größte Häufung von Alpträumen liegt in der Vorschulzeit. Alpträume gehen nur ganz selten in die Adoleszenz über. Lediglich 5 % aller Erwachsenen leiden unter (dann aber meist chronischen) Alpträumen.

- **Ursachen:** Stark erregende, zumeist ängstigende Tageseindrücke, häufig in Verbindung mit Fernsehfilmen, vor allem aber zu späten und zu langen Fernsehzeiten. Folge von schwer traumatisierenden Erlebnissen. Entlastungsreaktion nach längerem Schlafmangel. Rascher Fieberanstieg und hohes Fieber. Häufig bei einer bestimmten Konstitution mit künstlerisch-kreativen Fähigkeiten, großer Freundlichkeit und Offenheit sowie Scheu vor Konflikten und sozialer Disharmonie. In Verbindung mit chronischen Einschlafstörungen und Pavor nocturnus hinweisendes Symptom auf eine erhöhte „affektive Vulnerabilität" (Verletzlichkeit). In seltenen Fällen kommen auch bei Kindern oder Jugendlichen bereits Medikamentenwirkungen als verursachend in Frage, z.B. das Absetzen von Tranquilizern oder die Einwirkung von Insektiziden oder psychotropen Medikamenten. Nach abendlichem exzessivem Alkoholgenuss treten in der zweiten Nachthälfte infolge der Wirkung der Alkoholabbauprodukte vermehrt Alpträume auf.

- **Ähnliche Störungen:** ***Pavor nocturnus,*** der allerdings meist im ersten Nachtdrittel auftaucht und nicht aus einer REM-Phase, sondern aus dem Tiefschlaf heraus auftritt. ***Anfallsleiden mit komplexen,***

halluzinatorischen, fokalen Anfällen, im EEG zu erkennen, Anfälle auch tagsüber. ***Schlaftrunkenheit***, desorientiertes Verhalten mit langer Dauer und verzögertem Erwachen. ***Hypnagoge Halluzinationen bei Narkolepsie*** führen jedoch nicht zum Erwachen, Narkolepsiesymptome bestehen auch tagsüber. ***Schlaflähmungen beim Einschlafen oder beim Aufwachen*** gehen mit Angst einher, denn sie geschehen bei vollem Bewusstsein; die meisten Muskeln sind gelähmt bis auf die Atemmuskulatur und die Augenmuskeln. ***Hypnagoge Halluzinationen*** können allerdings auch eigenständig auftreten; dabei wälzt sich das Kind im Bett herum, wimmert und vermag nicht wach zu werden. ***Nächtliche Wiedereinschlafstörungen mit Angstzuständen*** sind manchmal schwer von Alpträumen abzugrenzen; die mitgeteilten Ängste sind aber weniger bildhaft und ähneln mehr den bei dem Kind bekannten Tagesängsten.

- **Behandlung:** Hilfen zur Angstbewältigung wie bei tagsüber auftretenden Angststörungen („Tur-Tur-Phänomen"), eventuell unterstützt durch Psychotherapie zur Trauma- oder Konfliktbewältigung über mehr als sechs Monate mit 1–2 Sitzungen pro Woche. Entspannungstraining. Verhinderung der Entwicklung von Einschlafstörungen. Reizreduzierung in den Stunden vor dem Zubettgehen (kein Fernsehen!). Schaffen eines affektiv ausgeglicheneren Klimas tagsüber. Bei Schulkindern vor allem auf Leistungsüberforderung achten. Verkürzung der Schlafdauer in der zweiten Nachthälfte durch früheres Aufwecken. Aufklärung über die hohe Chronifizierungsneigung während der Kindheit, aber auch über Rückentwicklungstendenz in der Adoleszenz.

- **Medikamentöse Therapie:** Sehr, sehr selten nötig, bei posttraumatischen Alpträumen allerdings oft unverzichtbar: Baldrian-Hopfen-Kombinationen > Johanniskraut, Melisse, Passionsblume, Kawai > Antidepressiva > Chloralhydrat > Neuroleptika > Benzodiazepine > Zolpidem, Zopiclon (nur für Jugendliche jenseits des 15. Lebensjahres zugelassen).

Selbst Fachleute tun sich oftmals schwer, von den Alpträumen eine „Traumstörung" abzugrenzen, die eigentlich gar nichts mit Träumen, jedenfalls nichts mit REM-Phasen, gemein hat, und das ist der **Pavor nocturnus**, der „Schrecken der Nacht", auch „Nachtmahr", „sleep terror" oder „Incubus" genannt. Er taucht zwischen dem zweiten und dem zwölften Lebensjahr bei etwa 12 % aller Kinder auf, gehäuft aber im Grundschulalter.

Ein bis vier Stunden nach dem Einschlafen schreckt das Kind unvermittelt aus dem Schlaf auf, oft mit einem schrecklichen („panischen") Schrei. Es setzt sich im Bett hin mit weit aufgerissenen Augen und großen Pupillen, die auf eine Stressreaktion hinweisen. Es zeigt einen Gesichtsausdruck, als schaue es einem furchtbaren Monster geradewegs in den Rachen oder als sei eben erst ein unheimlicher Geist durchs Zimmer geschwebt. Es weint, zittert und schwitzt, das Herz rast, die Muskeln sind angespannt, es nestelt am Bettzeug herum oder schlägt mit den Armen. Zuweilen steigt es auch aus dem Bett und läuft völlig kopflos durch die Gegend, stolpert über Gegenstände und murmelt unverständliche Worte. Gelegentlich nässt es auch ein. Es ist nicht ansprechbar, und wenn es geweckt wird, kann es sich weder orientieren noch an das Vorgefallene erinnern. In jedem Stadium dieses Anfalls kann der Pavor nocturnus zusammenbrechen; nach langsam abnehmendem Schluchzen schläft das Kind dann wieder tief weiter, als sei nichts geschehen.

Die meisten Pavor-Anfälle enden bereits nach dem panischen Schrei und dem abrupten Hochschnellen im Bett. Sie daueren nur wenige Minuten an, eine Zeitspanne, die den unerfahrenen Eltern, beim ersten Mal jedenfalls, wie eine Ewigkeit vorkommt. Sie können allerdings auch über zehn Minuten gehen. So passt der Name „Nachtschreck" auch eher auf die Wahrnehmung der hilflosen Eltern als auf das Kind selbst. Denn das Kind besitzt für das Ereignis eine vollständige Amnesie, d.h., es kann sich weder direkt danach, noch am Tage darauf an irgend etwas erinnern. Es gibt allerdings ältere Kinder und Erwachsene, die, falls sie mitten aus diesem Zustand geweckt werden, von einem Gefühl der Lähmung, von Aufregung und von Erstickungsangst berichten.

Der Pavor nocturnus gehört zu den „Parasomnien". Darunter versteht man Störungen, die sich in der Schlafzeit ereignen, den Schlafzustand aber nicht primär beeinflussen. Sie geschehen eben „para", das heißt „neben" dem Schlaf. Zähneknirschen, Sprechen im Schlaf, Schlafwandeln und Einnässen sind ebenfalls solche Parasomnien. Der Pavor nocturnus entwicklelt sich aus einem Tiefschlafstadium heraus, und zwar mit besonderer Stärke, wenn das Kind längere Zeit bereits im Tiefschlaf verbracht hat. Daher taucht er auch meist am Ende der ersten Tiefschlafphase auf. Die Schlafforscher haben bis jetzt noch keine befriedigende Erklärung für die Entstehungsbedingungen dieser eigenartigen Parasomnie. Sie vermuten, dass sie Ausdruck einer Entwicklungsverzögerung des Schlafsystems ist, bei der die zentrale Erregung des vegetativen Nervensystems nicht genügend unterdrückt werden kann. Man kann sich diesen Vorgang als eine völlig unsinnige Stressreaktion in der Nacht vorstellen auf eine Gefahr hin, die es gar nicht gibt.

In diesem Sinne sprechen die meisten Forscher dem Pavor nocturnus auch jegliche psychologische Bedeutung ab. Übrigens gibt es viele Hinweise auf eine genetische Determination. Wir selber haben in unseren Studien darüber hinaus gefunden, dass sich Pavorkinder ab der Grundschulzeit als auffallend ängstlich erweisen und dass sie bei zu großer Aufregung tagsüber häufiger solche nächtlichen Anfälle, zumeist kombiniert mit **Schlafwandeln (Somnambulismus)**, produzieren. Für eine pschologische Bedeutung spricht auch die Tatsache, dass der Pavor nocturnus im Erwachsenenalter tatsächlich häufig in Zusammenhang mit psychischen Problemen (Aggressionshemmung, Ängstlichkeit, Vorstadium einer Depression) auftaucht und dass Kinder wie Erwachsene nach schweren Traumatisationen nicht nur gehäuft Alpträume, sondern auch Pavoranfälle produzieren.

Da noch sehr wenig über die Ursachen des Pavor nocturnus bekannt ist, ist es auch kaum möglich, eine kausale Therapieempfehlung zu geben. Bei Kindern sollte man auf jeden Fall durch eine EEG-Untersuchung klären, ob nicht doch ein echtes Anfallsleiden vorliegt. Ist dies ausgeschlossen, so mögen die Eltern sich klarmachen, dass Pavorzustände völlig ungefährlich sind, dem Kind weder körperlichen noch seelischen Schaden zufügen und spätestens mit dem Eintreten in die Adoleszenz verschwinden. Sie können versuchen, die Tiefschlafphasen zu verkürzen, indem sie den „Schlafdruck" mindern. Zum einen bewirkt man das durch sehr regelmäßige, nicht zu späte Einschlafzeitpunkte, zum andern durch kleine „naps" tagsüber. Bei jüngeren Kindern haben wir auch einen Rückgang der Pavoranfälle gesehen, wenn die Eltern den Mittagsschlaf wieder eingeführt haben. Liegt den gehäuften Anfällen aber eine erhöhte Ängstlichkeit zugrunde, so gelten die gleichen Empfehlungen wie bei den Alpträumen. Es gibt extreme Fälle, in denen die kurzfristige Anwendung von Diazepam oder von Imipramin zur Reduzierung der Tiefschlafphasen angezeigt und erfolgreich ist.

Kommt zu dem Pavor nocturnus noch ein **Schlafwandeln** hinzu, so sollten die Eltern darauf achten, dass sich ihr Kind bei seinen nächtlichen Ausflügen, die meist vor Mitternacht unternommen werden, nicht verletzen kann. Eine Behandlung mit Medikamenten ist bei Kindern nicht ratsam. Lediglich muss die Balkontüre abgeschlossen werden, eventuell auch die Zimmertüre, denn der Volksmund hat leider Unrecht, wenn er von „schlafwandlerischer Sicherheit" spricht. Jedes zweite schlafwandelnde Kinder kommt aus einer Schlafwandlerfamilie und befindet sich im Grundschulalter. Kinder, die in jüngeren Jahren häufig im Schlaf gesprochen haben (**Somniloquie**), gehören zu den wahrscheinlichsten Kandidaten. Seelische Belastungen und Schlafmangel verstärken das Symptom. Auch hier besteht in der Regel ein vollständiges Vergessen (Amnesie). Von Schlafwandlern, die aus ihrem Zustand geweckt worden sind, wissen wir, dass sie sich in einem „traumähnlichen Zustand auf der Flucht" befunden haben. Vielleicht lässt sich so erklären, warum sich schlafwandelnde Kinder heftig wehren, wenn man sie aufzuhalten sucht. Es ist daher ratsam, sie sanft ins Bett zurückzuleiten, wenn der Ausflug zu riskant zu werden verspricht. Auf jeden Fall sollten die Eltern es aber unterlassen, ihrem kleinen Schlafwandler am nächsten Tag mit ängstlichem Unterton zu erzählen, was er in der letzten Nacht angestellt hat, denn das kann nur Ängste vor der nächsten Nacht hervorrufen. Bei schlafwandelnden Kindern sollte ein EEG abgeleitet werden, denn in seltenen Fällen handelt es sich dabei gar nicht um Schlafwandeln, sondern um **„fokale komplexe Anfälle im Schlaf"**. Diese aber bedürfen rasch einer medikamentösen Behandlung.

Träume enthalten – nicht nur im Kindesalter – wichtige Botschaften aus der Nacht. Nur einen kleinen Teil dieser Botschaften können wir uns zugänglich machen, der größere Teil wird für uns unauffindbar im Schlaf zurückgelassen. Er ist in den Tiefen unseres Gedächtnisses abgelagert. Und auch wenn es uns gelingen sollte, sich an jeden Traum beim Aufwachen zu erinnern, so wüssten wir doch nur um seine

Oberfläche, das heißt den Anteil, den unser wacher Verstand direkt oder durch Traumdeutung erfassen kann.

Seit Jahrtausenden sind Menschen auf der Suche nach dem Sinn dieser verschlüsselten Botschaften der Nacht. Heute wissen wir, dass sich der Traum wenn überhaupt nur dem Träumenden selbst erschließt. Die moderne Traumforschung hat uns auf einen völlig neuen Weg zum Verständnis dessen geführt, was wohl die eigentliche Funktion des Träumens sein dürfte. Die aber liegt nicht in der Mitteilung des erzählten Traumerlebens, sondern in der hoch komplexen Aufbereitung unserer gespeicherten Sinneseindrücke und der Schemata, nach denen wir denken und fühlen, damit wir nicht in der unübersehbaren Fülle der auf uns täglich einströmenden Informationen ertrinken und die Orientierung verlieren. Hier liegt eine faszinierende Forschungsaufgabe der Zukunft, denn auf diesem Gebiet ergeht es uns noch wie den Weisen und den Gelehrten des ägyptischen Pharao. Indes, ein Joseph von Kanaan ist noch nicht in Sicht …

Begnügen wir uns also vorerst im Umgang mit den Träumen unserer Kinder mit dem Respekt vor dieser wunderbaren Fähigkeit, über die ihr heranwachsendes Gehirn verfügt. Dazu aber müssen wir ihnen jede Nacht genug Zeit geben, ihre Erlebnisse im Traum zu verarbeiten und uns die Bilder, die sie mitunter heftig erschreckt haben, mit ihren Möglichkeiten mitzuteilen.

Schlafstadien eines Schulkindes

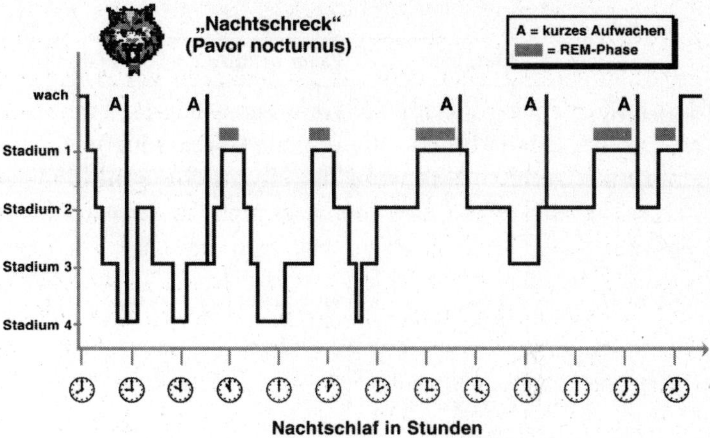

Abb. 20

Unterscheidung zwischen Alptraum, Pavor nocturnus und Schlaflähmung

	Alptraum	Pavor nocturnus	Schlaflähmung
Verhalten	ängstliches Weinen	Erschrecken mit lautem Schrei, evtl. mit Schlafwandeln	ängstlich-hilfloses Umhergucken
Bewegungen	wenige	heftige	keine
Sprechen	Sätze, Traumfetzen	unverständliche Wörter	nein
Ansprechbarkeit	ja, aber mit Zeitverzögerung	nein	ja
Wiedereinschlafen	nach ausreichender Beruhigung	spontan nach 1–10 Minuten	nein, geschieht im Wachzustand
Zeitpunkt	zweite Nachthälfte	erstes Drittel der Nacht	beim Einschlafen oder Aufwachen
Erinnerbarkeit	ja	nein	ja
Ursachen	Angst, Streß, Fieber, Schlafentzug, Vererbung	Umschriebene Entwicklungsverzögerung, Schlafentzug, extreme Belastung	familiär gehäuft, als Symptom bei Narkolepsie
Schlafstadium	REM-Phase	Tiefschlaf	REM-Phase, dissoziativ
Häufigkeit	50 % aller Kinder bis zum 12. Lebensjahr, nur bei jedem fünften Kind schwerwiegend	3 % aller Kinder bis zum 12. Lebensjahr, gehäuft im 4.–12. Lebensjahr	5 % der gesunden Kinder, 40 % der Narkolepsiekranken

	Alptraum	**Pavor nocturnus**	**Schlaflähmung**
Empfehlens-werte Eltern-reaktion	Zuhören, trösten	Tiefschlafreduktion, Sicherheitsvorkehrungen bei Kombination mit Schlafwandeln	Ansprechen, zum „Augen-wackeln" anhalten
Behandlung	wie bei Angststörungen tagsüber Diazepam	Körperliche und seelische Entspannung Diazepam oder Imipramin	Narkolepsie-behandlung, wenn indiziert Clomipramin

12. Kapitel

Schlafstörungen – Signale in der Nacht

Vor einigen Jahren suchte uns in unserer Kinderschlafambulanz ein Vater von vier Kindern auf und bat dringend um ein Gespräch unter vier Augen. Er sei vor zehn Jahren als Ingenieur nach Malaga/Spanien gezogen. Dort habe er auch seine Frau, eine Spanierin, kennen gelernt. Vor sechs Wochen seien sie zurück in die Bundesrepublik gekommen. Seitdem leide die gesamte sechsköpfige Familie an Schlafstörungen. Seine Frau und die beiden ältesten Kinder fühlten sich überhaupt nicht wohl hier in Deutschland, wollten am liebsten gleich wieder zurück nach Malaga. Daher komme er auch alleine vorbei, denn er sei der einzige in der Familie, der glaube, dass alle Familienmitglieder unter echten Schlafstörungen litten. Für seine Frau gebe es eigentlich nur eine einzige Erklärung für die unruhigen Nächte mit den Kindern: Heimweh nach Malaga!

Wir erfuhren nun, was seine Frau und er in den Nächten der letzten Zeit so alles durchgemacht hatten. Es war wirklich schlimm! Und im ersten Moment hatten wir den Eindruck, wir sollten uns gleich auf eine Behandlung von sechs Schlafstörungspatienten einstellen. Nachdem wir eineinhalb Stunden geduldig zugehört und mitgeschrieben hatten, bedankte sich der Vater dafür, dass er sich einmal alles von der Seele habe reden können, und bat um sechs weitere Termine, damit wir jeden „Fall" einzeln ausführlich untersuchen könnten. Wir waren unschlüssig, was wir dem sichtlich übernächtigt wirkenden Familienvater antworten sollten. Schließlich machte er von sich aus den Vorschlag, alles noch einmal mit seiner Frau zu besprechen und sich dann wieder bei uns zu melden – allerdings erst in acht Wochen, denn in der Zwischenzeit gehe die Familie noch einmal zurück nach Malaga, um dort die Sommerferien zu verbringen. Wir verabschiedeten uns und baten ihn, seine Frau und die Kinder zu grüßen und ihnen zu sagen, dass wir gerne in acht Wochen die ganze Familie kennen lernen würden.

Als wir unsere Aufzeichnungen durchlasen, da hatten wir einen fast vollständigen Katalog von Schlafstörungssymptomen im Kindes- und Erwachsenenalter vor Augen: Einschlaf- und Durchschlafprobleme, Alpträume, Einnässen, Tagesmüdigkeit, Schlafwandeln, depressive Verstimmungen, Konzentrationsstörungen, Schlaftabletteneinnahme bei den Eltern, Pavor nocturnus, Sprechen im Schlaf, häufige Infekte bei der jüngsten Tochter, verzögerte Sprachentwicklung und Stottern bei dem sechsjährigen Sohn, Essprobleme und Untergewicht der Mutter usw. Also doch sechs Patienten? Oder gab es vielleicht nur eine einzige Erklärung, nämlich Heimweh, wie die Mutter gemeint hatte?

Genau acht Wochen später kam, wie vereinbart, der inzwischen braungebrannte Vater wieder, diesmal mit der gesamten Familie. Es begann eine Reihe von Gesprächen und Untersuchungen. Nach weiteren vier Wochen verstanden wir endlich, was die Mutter mit ihrer Diagnose „Heimweh" gemeint und weshalb sie tatsächlich damit das Wichtigste benannt hatte. Seit vielen Jahren hatte es bereits verschiedenste Probleme mit dem Schlaf in der Familie gegeben, aber eben nicht nur mit dem Schlaf, sondern auch mit dem Essen, der Stimmung und mit der Entwicklung des jetzt sechsjährigen Sohnes. „Heimweh" aber bedeutete: In Deutschland, in der Fremde, ist alles nur noch schlimmer geworden, in Malaga wird alles wieder besser werden! In den sechs Wochen Sommerferien hatten wohl alle viel untereinander, aber auch mit Freunden geredet und waren zu dem schmerzlichen Schluss gekommen, dass es außer den Diagnosen „Heimweh" und „Schlafstörungen" noch einige Probleme gäbe, die zu klären für alle hilfreich sein könnte.

Nach Abschluss unserer Untersuchungen teilten wir der Familie unsere Überlegungen unter anderem in Gestalt von Diagnosen mit und die lauteten: Depression mit Essstörungen, Alpträumen und Durchschlafstörungn bei der Mutter; Schlafapnoesyndrom mit Schnarchen und Tagesmüdigkeit beim Vater; allgemeine, vor allem sprachliche Entwicklungsverzögerung mit Stottern und nächtliches Anfallsleiden bei dem sechsjährigen Sohn. Insgesamt also ein Erschöpfungszustand einer überlasteten Familie – und dies nicht erst seit der Übersiedelung nach Deutschland.

In den nachfolgenden Monaten machten wir mit allen Mitgliedern der Familie gemeinsam und in Einzelsitzungen sehr interessante Erfahrungen, die schließlich zu einer erfreulichen Verbesserung ihrer Lebenssituation in Deutschland als ihrer neuen Heimat führten. Nach wenigen Wochen war das Thema Schlafstörungen fast vergessen. Die Familienmitglieder waren, wie das überhaupt unserer Erfahrung mit schlafstörungsgepeinigten Familien entspricht, sehr erfinderisch geworden, um Schlafwandeln, Einschlafstörungen, Einnässen und andere Symptome zu bewältigen.

Stattdessen konzentrierte sich das Gespräch nun auf zwei Themen, die weit von dem ursprünglichen Vorstellungsanlass entfernt lagen. Thema Nummer eins waren die Umstände, unter denen der Vater seine Arbeitsstelle in Spanien hatte aufgeben müssen. Er war wegen chronischer Müdigkeit und Gedächtnisstörungen immer weniger belastbar geworden und hatte schließlich die ihm übertragene Leitungsfunktion der Auslandsfiliale seiner Firma nicht mehr ausüben können. Die Rückkehr nach Deutschland war also mit seiner beruflichen Zurückstufung verbunden gewesen. Da er alle Symptome eines „zentralen Apnoesyndroms" (Atemstillstände im Schlaf über jeweils mehr als zehn Sekunden) bot, konnten ihm die Ärzte der schlafmedizinischen Abteilung für Erwachsene rasch helfen. Nun hatte er die bitteren Folgen seiner zuvor nicht erkannten Erkrankung zu bewältigen.

Das zweite Thema entwickelte sich nur sehr zögerlich. Es nahm seinen Ausgang von den Sorgen der Eltern um ihren sechsjährigen Sohn, der als noch nicht einschulbar galt. Unsere Untersuchung hatte erbracht, dass der Junge nach einer schweren Komplikation gegen Ende der Schwangerschaft leicht hirngeschädigt auf die Welt gekommen war, fortan als extrem reizoffen galt und sich zugleich in allen Bereichen, also auch im sprachlichen, verlangsamt entwickelt hatte. Er war gut intellektuell begabt, konnte sich aber sehr schlecht konzentrieren und fühlte sich zurecht rasch ausgeschlosssen. Das Schicksal dieses Jungen hatte die Mutter mit einem enormen Einsatz zu lindern gesucht und sich dabei offensichtlich völlig übernommen.

Es war uns lange Zeit unerklärlich, warum sie als gut ausgebildete Frau mit zudem erfolgreichem gesundheitspolitischem Engagement in ihrer Heimatstadt nicht schon längst medizinische und psychologische Fachleute in Spanien aufgesucht hatte. Dann wären die Diagnosen, die wir nun stellten („Hyperkinetisches Syndrom mit Teilleistungsstörungen, Anfallsleiden"), ihr sicher schon viel früher mitgeteilt worden. Dann hätte schon einige Jahre früher eine erfolgreiche Therapie begonnen werden können.

Und nun stellte sich folgendes heraus: Seit dieser ihr Sohn auf die Welt gekommen war, hatte sich bei der Mutter immer mehr der Gedanke verfestigt, sie habe durch ihre Erbanlagen die Störung ihres Kindes verursacht. Sie wusste nämlich um die schwere „psychiatrische" Erkrankung ihres Onkels, den sie als Kind über Jahre hin versorgt hatte, bis er schließlich in eine Klinik für chronisch Kranke eingewiesen werden musste. Von diesem Onkel hatte sie ihrer neuen Familie nie etwas erzählt, und als sie es jetzt tat, da weinte sie und erklärte sich für „allein schuldig" am Leiden aller Familienangehörigen. Sie war sehr erleichtert, als wir ihr nach Einsicht in die Unterlagen der spanischen Klinik mitteilen konnten, dass der Onkel zu keinem Zeitpunkt an einer erblichen Erkrankung gelitten hatte, dass vielmehr sein Leiden auf eine Hirnhautentzündung in seiner Kindheit zurückzuführen gewesen war. Als sie die raschen Fortschritte ihres Sohnes unter der Therapie erlebte, konnte sie endlich aufatmen, und ihre Depression gehörte bald der Vergangenheit an.

Als die Eltern sich später, nach einem Intervall von zwei Jahren, wieder meldeten, da geschah es nur, um uns mitzuteilen, wie gut es allen seitdem ergangen sei, und dass der Sohn inzwischen (behandelt durch eine kinderpsychiatrische Fachärztin an ihrem neuen Heimatort) die zweite Klasse einer regulären Grundschule mit Erfolg besuchte. Im Nachhinein – so die Mutter – erinnerten sie sich mit einigem Schmunzeln, wie sich ursprünglich der Vater „heimlich" in der Kinderschlafambulanz einen Einzeltermin hatte geben lassen, da alle in der Familie nicht mehr hatten schlafen können …

Diese Geschichte ist recht typisch für das Umfeld, das sich auftut, wenn Eltern ihre Kinder mit „kindlichen Schlafproblemen" bei uns vorstellen. Ganz zu Anfang unserer Erfahrung mit diesen „Patienten" haben wir natürlich gedacht, wir müssten nur lange genug forschen, um herauszufinden, was denn „eigentlich" hinter den Schlafsymptomen stecke. Doch dann haben wir einen großen Respekt vor der Ernsthaftigkeit und vor allem der Hartnäckigkeit solcher Störungen bekommen und wir haben erkennen müssen, dass viele kindlichen Schlafprobleme tatsächlich eine Eigendynamik besitzen, so dass man sie mit Fug und Recht als „Schlafstörungen" bezeichnen kann.

Inzwischen haben wir unsere Erfahrungen in einer allgemeinen Definition kindlicher Schlafstörungen zusammengefasst, und die lautet:

> **Definition kindlicher Schlafstörungen**
>
> Kindliche Schlafstörungen sind an inneren oder an äußeren Bedingungen des Kindes orientierte bestmögliche Anpassungsformen, die seinen entwicklungsentsprechenden physiologischen Schlaf-Wach-Rhythmus und/oder die körperlichen und seelischen Funktionen seines Schlafs, in besonderen Fällen damit sogar seine Entwicklung, erheblich beeinträchtigen.

Sicher ist auch diese Definition viel zu wenig anschaulich, wie es allgemeine Definitionen halt so an sich haben. Aber sie soll einige Punkte unterstreichen, die uns besonders wichtig erscheinen:

- ***Kindliche Schlafstörungen unterscheiden sich in Ursache und Wirkung von denen im Erwachsenenalter. Denn sie treten in einem Lebensabschnitt auf, in dem sich Menschen sehr rasch entwickeln und in hohem Maße von ihrer Umwelt abhängig sind.***

- ***Kindliche Schlafstörungen sind nicht nur Abweichungen von der Norm. Wenn das so wäre, dann wäre jedes Kind bis zum Beginn der Pubertät zumindest für begrenzte Zeit schlafgestört. Sie sind Abweichungen von der entwicklungsadäquaten Regulation des Schlafs und des Schlafwachrhythmus und damit nachhaltige Beeinträchtigungen der für die kindliche Entwicklung besonders wichtigen Funktionen des Schlafens und Träumens.***

- ***Kindliche Schlafstörungen können Signalcharakter besitzen. Das heißt, ihre Untersuchung führt auf die Spur zu mitunter schweren anderen Erkrankungen wie Angststörungen, Hyperkinetischen Störungen, Depressionen, Anfallsleiden, Allergien und vielen anderen mehr.***

Um ungefähr angeben zu können, wie häufig echte Schlafstörungen bei Kindern vorkommen, muss man natürlich Kriterien definieren. Wir haben selber einige große epidemiologische Studien durchgeführt, eine über 1000 Grundschulkinder in Freiburg und eine über 7000 Säuglinge und Kinder bis zum zwölften Lebensjahr in der gesamten Bundesrepublik Deutschland. Dabei haben wir ein Kind dann als „schlafgestört" gezählt, wenn es mindestens eines der folgenden vier Symptome aufgewiesen hat:

Kriterien für die statistische Falldefinition einer kindlichen Schlafstörung

1. Einschlafprobleme mit Einschlafdauer > 30 Minuten, ein- bis zweimal pro Woche über die letzten sechs Monate.
2. Durchschlafstörungen, ein- bis zweimal pro Woche über die letzten sechs Monate.
3. Tagesmüdigkeit in Zusammenhang mit schlechtem Schlaf, gehäuft in den letzten sechs Monaten.
4. „Schlafbesonderheiten" wie Alpträume, Nachtschreck, Schlafwandeln, nächtliches Einnässen, Sprechen im Schlaf u. a. m., gehäuft in den letzten sechs Monaten oder auch seit der Geburt.

Hier einige interessante Ergebnisse dieser Studien: Etwa jedes vierte Kind erfüllt zumindest eines der vier Kriterien, kann also als „schlafgestört" gelten. Im Säuglings- und Kleinkindesalter sind Schlafstörungen etwas häufiger als im späteren Alter – wegen der großen Zahl der Ein- und Durchschlafstörungen. Etwa fünf Prozent der Kinder haben „Schlafbesonderheiten". Die Jungen sind bis zum Alter von acht Jahren die schlafgestörteren Kinder und werden dann von den Mädchen überrundet. Etwa fünf Prozent der Kinder erfüllen alle vier Störungskriterien, müssen also als „erheblich schlafgestört" gelten. Schlafstörungssymptome finden sich häufiger bei Kindern mit psychischen Problemen. Auch gilt die Umkehrung des Satzes.

Das sind natürlich ganz grobe Zahlen, die für die Beurteilung des Einzelfalles nicht viel helfen. Aber sie zeigen ganz deutlich: ***Kindliche Schlafstörungen sind häufig, hartnäckig und hinweisend auf andere Störungen.***

Man kann nun, um etwas Systematik in die Fülle der Bilder zu bringen, kindliche Schlafstörungen in vier Gruppen einteilen:

Überblick über die Formen kindlicher Schlafstörungen

1. ***Dyssomnien (Schlafregulationsstörungen)***
   - *Intrinsische, z. B. angeborene oder auf Unreife des Gehirns zurückgehende Schlafstörungen, Narkolepsie, zentrales oder obstruktives Apnoesyndrom, Pickwick-Syndrom, posttraumatische Hypersomnie nach Hirnerschütterung, falsche Schlafwahrnehmung*
   - *Extrinsische, z. B. durch elterliche Reaktionen, Ernährung oder durch unzureichende „Schlafhygiene" hervorgerufene Schlafstörungen*
   - *Zirkadiane Rhythmusstörungen, z. B. Schlaf- und Wachphasen abgekoppelt vom Biorhythmus des Kindes*

2. ***Assoziierte (auf andere Störungen verweisende) Schlafstörungen***
   - *bei emotionalen, zumeist Angst-Störungen, aber auch bei hyperkinetischen Störungen oder bei depressiven Störungen in der Adoleszenz*
   - *bei pädiatrischen (z. B. gastroösophagealem Reflux), auch bei neuropädiatrischen Störungen (z. B. bestimmten Anfallsleiden)*
   - *bei Medikamenteneinnahme (Methylphenidat bei zu hoher oder zu später Einnahme am Tage, Phenytoin, bestimmte Antibiotika, Gyrasehemmer, Theophyllin, Thyroxin, Glucocorticoide, Kontrazeptiva) oder bei Drogenkonsum (Alkohol, Nikotin, Coffein, Teein, Cannabis, Marihuana, LSD, Heroin, Kokain, manchen Appetitzüglern, Schnüffelstoffen, Stimulantien u. a. m.)*
   - *vor oder während der Periodenblutung vor allem in der Pubertät*

3. ***Parasomnien („neben" dem regulären Schlaf vorkommende „Schlafbesonderheiten")***
   - *Störungen des Schlaf-Wach-Übergangs (Einschlafmyoklonus, Kopfanschlagen, Körperschütteln, Sprechen im Schlaf)*
   - *Aufwach- („arousal"-) Störungen (Schlaftrunkenheit, Schlafwandeln, Pavor nocturnus)*
   - *REM-Schlaf-Parasomnien (Alpträume, Schlaflähmung, Einschlafalpträume)*
   - *Stadienunspezifische Parasomnien (gutartiger Schlafmyoklonus Neugeborener, plötzlicher Kindstod, Säuglingsapnoe, Zähneknirschen, nächtliches Einnässen oder Einkoten)*

4. ***Sonstige Schlafabweichungen***
   - *Kurzschläfer (Schlafdauer < 75 % der Altersnorm)*
   - *Langschläfer (Schlafdauer > 10 Stunden seit der Kindheit)*

- *bei Intelligenzminderung, bei Autismus,*
- *hypnagoge Halluzinationen*
- *starkes Schwitzen bei Nacht*
- *aber nicht bei Hochbegabung; selbst Albert Einstein brauchte elf Stunden Schlaf ...!*
- *auffällige polysomnographische Befunde ohne bisher bekannten Krankheitswert*

Die meisten **Schlafstörungen junger Eltern** sind als Reaktionen auf die häufigen Störungen in der Nacht durch ihre Säuglinge und Kleinkinder zu verstehen, aber durchaus nicht alle. Daher sollen hier die typischen Schlafstörungen schwangerer Mütter und junger Eltern aufgeführt werden.

Schlafstörungen der Mutter in der Schwangerschaft und kurz nach der Geburt

Im ersten Drittel der Schwangerschaft

- *erhöhte Schläfrigkeit tagsüber und Verlängerung der nächtlichen Schlafdauer, bedingt durch die hormonelle Umstellung*
- *häufige, zumeist schöne Träume*

In der Mitte der Schwangerschaft

- *beste Schlafqualität innerhalb der gesamten Schwangerschaft*
- *angenehme Träume*
- *ab dem fünften Monat bei jeder zehnten Schwangeren Schlafstörungen aufgrund unruhig schlagender Beine („restless-legs-syndrom") zumeist beim Einschlafen und in Ruhe*

Im letzten Drittel der Schwangerschaft

- *verkürzte Schlafdauer*
- *Einschlafstörungen*

- *oft unangenehme Träume, auch Alpträume (u. a. Ängste vor Missbildung des erwarteten Kindes)*
- *Durchschlafstörungen wegen Rückenschmerzen, Harndrang, Kindsbewegungen oder emotionaler Instabilität*

Kurz nach der Geburt
- *Schlafmangelsyndrom*
- *Ein- und Durchschlafstörungen aufgrund emotionaler Belastungen (Sorgen um das Kind, mangelnde Unterstützung)*
- *Ein- und Durchschlafstörungen mit Alpträumen bei postpartaler Psychose*
- *Alpträume*
- *Pavor nocturnus*
- *Durchschlafstörungen bei nächtlichem Stillen*

Junge Eltern können natürlich alle Formen von Schlafstörungen aufweisen, die auch sonst im Erwachsenenalter auftreten. Etwa ein Drittel der Erwachsenenbevölkerung leidet unter Ein- und Durchschlafstörungen, ältere Menschen weitaus häufiger als jüngere. Etwa jede(r) zweite Schlafgestörte ist so sehr davon beeinträchtigt, dass sie (er) eine Behandlung benötigt. Die meisten Schlafstörungen im Erwachsenenalter gehen mit einer erhöhten Tagesmüdigkeit einher, weil die Schlafqualität verschlechtert ist. Die verständliche Reaktion darauf, die Schlafdauer oder aber die Zeit im Bett zu verlängern, verschlimmert das Problem zusätzlich. Schlafgesunde Menschen leben gesünder und haben eine höhere Lebenserwartung. Am häufigsten treten die psychophysiologische Insomnie und das Schlafapnoe-Syndrom auf, die beide mit einer erhöhten Tagesmüdigkeit einhergehen. Schlafmittel werden zu häufig, zu unkontrolliert, zu lange und zu unspezifisch eingenommen (und auch verschrieben).

Die Gruppen der Schwangeren, der Mütter mit Säuglingen bzw. kleinen Kindern und der jungen Eltern stellen Risikogruppen für die Entwicklung von chronischen Schlafproblemen und nachfolgenden psychischen Störungen (Depression) dar. Diese Beobachtung geht aus einer bundesweiten Studie hervor, die wir zusammen mit der Zeitschrift „Eltern" im Jahre 1994 durchgeführt haben. Vor allem junge und besonders allein erziehende Mütter – und dazu gehören leider immer noch auch die meisten Mütter, die mit einem Partner zusammenleben – führen erste Anzeichen einer Depression auf Übermüdung zurück und isolieren sich von der Umwelt, da sie oft zu Recht wenig Verständnis von ihren Angehörigen erwarten; denn die Umwelt setzt bei einer jungen Mutter überwiegend ein Lebensgefühl voller Glück und Freude über ihr Kind voraus. Die depressive Störung der wichtigsten Bezugsperson(en) eines Säuglings oder Kleinkindes stellt zudem einen Hochrisikofaktor für die emotionale und für die geistige Entwicklung eines Kindes dar! Denn die depressive Mutter (manchmal auch der depressive Vater) ist nicht in der Lage, die emotionalen Bedürfnisse ihres Kindes adäquat wahrzunehmen. Ihre Reaktionen sind zeitlich verzögert oder unterbleiben vollständig. Sie (er) schafft ständig emotionale Spannungssituationen, in denen es leicht zu unkontrollierten Übergriffen, im ärgsten Fall zu Misshandlungen, kommt. So entsteht leicht ein Teufelskreis von Ärger, Hilflosigkeit und Schuldgefühlen. Jede übermüdet wirkende Mutter, die sich über ihr kleines Kind nicht mehr freuen kann, braucht umgehend fachliche Hilfe – vor allem aber braucht sie keine Kritik oder Ratschläge!

Die Dringlichkeit und weitgehende Tabuisierung dieses Themas ist das wichtigste sozialmedizinische Ergebnis unserer mehrjährigen Gesprächserfahrung mit jungen Eltern, die ihr Kind wegen „Schlafstörungen" in unserer Kinderschlafambulanz vorgestellt haben.

Säuglinge und Kleinkinder brauchen in besonderem Maße gesunde Eltern, und diese wiederum brauchen alle erdenkliche Hilfe, um gesund zu bleiben oder zu werden. Da elterliche Schlafstörungen in den meisten Fällen Ursache oder

Begleitsymptom eines körperlichen und seelischen Überlastungssyndroms sind, sollen hier die unserer Erfahrung nach häufigsten Störungsbilder in dieser Lebenssituation aufgeführt werden.

Schlafstörungen von Eltern junger Kinder

Dyssomnien

- *intrinsische (psychophysiologische Insomnie = Schlaflosigkeit) bei erhöhter körperlicher und seelischer Verspannung oder bereits erlerntem falschen Schlafverhalten; zentrales oder obstruktives Apnoesyndrom, Restless-Legs-Syndrom, selten (0,05 % der Bevölkerung) Narkolepsie mit erhöhter Tagesmüdigkeit*
- *extrinsische (Schlafunterbrechungen durch die Kinder mit Gefahr des Übergangs in chronische Durchschlafstörungen und leichte Störbarkeit im Schlaf, falsche Schlafhygiene, Schlafmangelsyndrom, Schlafstörung in der zweiten Nachthälfte bei übermäßigem abendlichem Alkoholkonsum, Traumunterdrückung bei Einnahme von Tranquilizern)*
- *Zirkadiane Rhythmusstörungen (irreguläre Schlaf-Wach-Muster, Schlafstörungen bei Schichtarbeit, Zeitzonenwechsel oder „jet lag")*

Assoziierte Schlafstörungen

- *bei Angsterkrankungen, Depressionen, Alkoholismus, Psychosen*
- *bei schlafgebundenen Kopfschmerzen, Schlafepilepsie*
- *bei Magengeschwür, Asthma, Herzerkrankungen, Lungenerkrankungen, Fibromyalgie-Syndrom mit starker Tagesmüdigkeit und Schulterschmerzen vor allem bei Frauen*

Parasomnien

- *Einschlafmyoklonus, Sprechen im Schlaf, Wadenkrämpfe, rhythmische Bewegungen*

- *Alpträume, Einschlafalpträume, Schlaflähmung, Schenck-Syndrom (Verhaltensstörung im REM-Schlaf, eher bei Männern jenseits von 50 Jahren)*
- *Zähneknirschen, primäres Schnarchen, auch bei jungen Männern*

Schlafbesonderheiten
- *Kurzschläfer (< 6 Stunden)*
- *Langschläfer >10 Stunden seit der Kindheit*
- *verstärktes Schwitzen in der Nacht*
- *Schlafstörungen um die Menses herum*
- *Schlafstörungen bei bestimmten Kontrazeptiva*

Kindliche Schlafstörungen sollten nur von Fachleuten diagnostiziert werden. Denn zum einen sind sie oft nicht leicht untereinander abzugrenzen, und zum andern erfordern sie eine Mituntersuchung der gesamten Familie, auf jeden Fall aber beider Eltern. Außerdem müssen in der Regel psychologische und medizinische, manchmal auch sozialpädagogische Befunde erhoben werden. Eine erste Sitzung braucht nach unserer Erfahrung neunzig Minuten, da vor allem die Exploration der Kinder sehr viel Geduld und eine lange Zeit der Gewöhnung an den Untersucher verlangt. Eine Diagnose nach Abhaken einer Symptomliste führt leicht in die Irre. Zum Beispiel ist es mitunter gar nicht einfach, Alpträume von einem Pavor nocturnus oder von Trennungsangststörungen zu unterscheiden. Alle drei Störungsbilder kommen zudem nicht selten in Kombination vor. Die Therapie dieser drei Schlafstörungen ist aber höchst verschieden.

Die Beschreibungen der wichtigsten kindlichen Schlafstörungen sind in den Kapiteln 3 bis 10 enthalten, da sie nur auf dem Hintergrund der jeweiligen Entwicklungsstufe eingeschätzt werden können. Im Folgenden sollen daher lediglich die weniger häufigen Schlafstörungsformen aufgeführt werden. Darüber hinaus gibt es noch viele sehr ausgefallene Formen, die aber nur Fachleuten bekannt sein können.

Obstruktives Schlafapnoe-Syndrom bei Kindern. Etwa 2% der Vorschulkinder bekommen in der Nacht schlecht Luft, die Atmung stockt über mehr als fünf Sekunden, auch kann sich der Puls alle fünf Minuten etwa verlangsamen, einige (aber nicht alle!) Kinder schnarchen dabei, sind unruhig und schwitzen. Tagsüber fallen sie dadurch auf, dass sie müde und unkonzentriert sind. Eine Gedeihstörung sollte immer auch an eine solche Erkrankung denken lassen. Ein Kind mit diesen Symptomen sollte rasch von einem Kinderarzt und dann auch von einem HNO-Arzt untersucht werden. Denn häufig sind seine Atemwege durch vergrößerte Polypen oder Rachenmandeln eingeengt. Eine Entfernung der „adenoiden Vegetationen" oder der „Tonsillen" führt dann innerhalb weniger Tage zu einem völlig veränderten Erscheinungsbild. Das Kind kann plötzlich wieder nachts ruhig durchschlafen und tagsüber ausdauernd spielen.

Schlafstörungen bei Nahrungsmittelallergie. Die bekannteste ist die, bei der Säuglinge oder Kleinkinder in der Zeit bis zum Ende des zweiten Lebensjahres eine allergische Reaktion auf Kuhmilcheiweiß entwickeln. Sie reagieren mit Einschlafstörungen, starker nächtlicher Unruhe und Durchschlafstörungen. Tagsüber sind sie quengelig und müde. Sie schlafen viel zu wenig, manche nur fünf Stunden und wirken nach ein paar Tagen lethargisch. Lässt man die Kuhmilchernährung fort, so bessert sich ihr Zustand umgehend. Im Blut lassen sich (nicht immer) IgE-Antikörper gegen Kuhmilcheiweiß nachweisen. Es wird vermutet, dass die schweren Schlafstörungen und die Tagesmüdigkeit dadurch zustande kommen, dass Histamin, das bei allen Allergien vermehrt freigesetzt wird, das Schlafzentrum irritiert.

Schlafepilepsie-Formen. Epileptische Anfälle können auch beim Einschlafen, im Schlaf selber und beim Aufwachen auftreten. Die Eltern sehen bei ihrem kranken Kind Zuckungen, eigenartige Bewegungsabläufe, Streckkrämpfe oder andere auffällige Verhaltensweisen, bei denen ihr Kind nicht ansprechbar erscheint, auch wenn es seine Augen offen hält. Die Neuropädiater unterscheiden verschiedene Anfallsformen, die ein jeweils typisches Erstmanifestationsalter und eine höchst unterschiedliche Prognose haben. Hierzu gehören das Landau-Kleffner-Syndrom, das Lennox-Gastaut-Syndrom, die (gutartige) Rolandi-Epilepsie, das Impulsiv-Petit-mal, das Propulsiv-Petit-mal, die Aufwach-Grand-mal-Epilepsie, der elektrische Status epilepticus u. a. m.

Schlafstörung als Symptom einer körperlichen Erkrankung oder einer Medikamentenreaktion. Mittelohrentzündungen bei Säuglingen und Kleinkindern können sich in der Nacht ganz plötzlich entwickeln. Die Kinder quengeln, werden wach und lassen sich nicht trösten. Ein leichter Druck auf das Ohr zeigt bereits, dass die Schmerzen hierher rühren. Allergische Reaktionen auf Nahrungsmittel, Waschmittel oder andere Allergene aus der Umwelt können sich erstmals in Durchschlafstörungen äußern. Methylphenidat, das vielen hyperaktiven Kindern hilft, mit ihren Konzentrationsstörungen besser klar zu kommen, bewirkt Einschlafstörungen, wenn es zu hoch dosiert oder nach 16 Uhr gegeben wird. Das gleiche gilt für Theopyllin bei Asthmakindern und für Cortisonpräparate. Bauchkoliken und Refluxstörungen machen hartnäckige Schlafstörungen vor allem im Säuglingsalter.

Plötzlicher Kindstod. In 2 von 1000 Fällen sterben Säuglinge am „Krippentod", die meisten im Alter zwischen dem zweiten und dem vierten Lebensmonat. Jungen sind im Verhältnis 3:2 häufiger betroffen als Mädchen. Die Ursachen bleiben in den meisten Fällen unklar. Säuglinge, die von Geburt an Probleme in ihrer Atemregulation gezeigt haben (ALTE: „apparent life threatening event") gelten als Risikokinder. Infekte erhöhen das Risiko bei vorbestehender Disposition. Es ist daher zu empfehlen, bei allen Säuglingen im Schlaf der ersten Monate die Bauchlage zu vermeiden. Die strikte Meidung von Nikotin während der Schwangerschaft und jeglicher Nikotineinwirkung über die Muttermilch oder die Zimmerluft ist deswegen sehr ernst zu nehmen. Es wird vermutet, dass sich das Stillen in den ersten sechs Monaten auch hier präventiv auswirkt. Gelegentlich wird auch der „Krippentod" als Erklärung angeboten, um von einer Kindesmisshandlung durch Ersticken abzulenken – meist jedoch ohne juristischen Erfolg.

Enuresis nocturna (nächtliches Einnässen). Nach Vollendung des vierten Lebensjahres gilt das gehäufte Einnässen in der Nacht als Störung und wird von den meisten Schlafmedizinern zu den Parasomnien gerechnet. Es kommt unter fünfjährigen Jungen bei 7% und unter gleichaltrigen Mädchen bei 3% eines Jahrgangs vor. Im Alter von zehn Jahren nässen immerhin noch 3% aller Kinder und im Alter von achzehn Jahren noch 1% der Jugendlichen ein. Die Kinder nässen zumeist im ersten Nachtdrittel ein, wenn sie in den Tiefschlaf gleiten. Aber es kommt auch in allen anderen Schlafstadien vor. Bei der „sekundären Enuresis nocturna" hat es in der Vorgeschichte zumindest ein Intervall gegeben, in dem das Kind durchgehend trocken gewesen ist, im Unterschied zur „primären Enuresis nocturna". Harnwegsinfekte, Fehlbildungen der Niere oder der Harnblase, eine Reifungsstörung der Fähigkeit des Kindes, den Blasendruck zu spüren, und emotionale Belastungen, die zu einem erhöhten Angstpegel führen, kommen als Ursache in Frage. Durch die Ableitung eines EEGs sollte ausgeschlossen werden, dass das Einnässen nicht Symptom eines nächtlichen epileptischen Anfalls ist. Die einnässenden Kinder brauchen eine kinderpsychiatrische Behandlung, die in erster Linie darauf abzielt, den Kindern Folgeprobleme wie Schamgefühle oder ungeeignete Erziehungsmethoden zu ersparen. Verhaltenstherapeutische Methoden mit und ohne ein Medikament (Imipramin) führen bei mehr als der Hälfte der behandelten Kinder zu einem Verschwinden der Symptomatik. Wichtig ist aber dabei, dass aus dieser kindlichen Parasomnie nicht sofort eine „kinderpsychiatrische Störung" gemacht wird, denn zumeist handelt es sich nur um eine Entwicklungsverzögerung, in der das Kind auf Toleranz seiner Umwelt angewiesen ist.

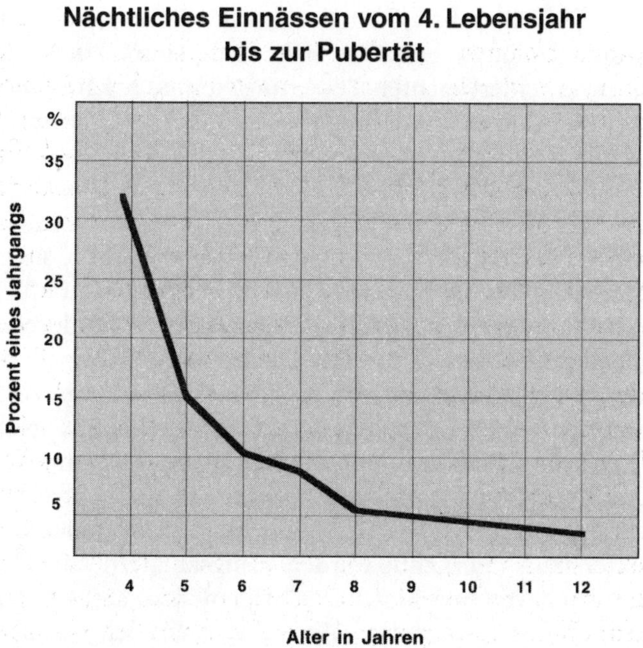

Abb. 21

Bruxismus (Zähneknirschen im Schlaf). Diese Parasomnieform kommt bei 5% aller Vorschulkinder häufiger und bei 90% der Bevölkerung gelegentlich vor. Muskelkater in der Kaumuskulatur und Zahnschmelzverlust sind die unangenehmen Folgen dieser Störung. In Zeiten starker seelischer Belastungen nimmt das Zähneknirschen zu. In sehr schweren Fällen empfiehlt der Zahnarzt, eine Aufbissschiene in der Nacht zu tragen.

Somniloquie (Sprechen im Schlaf). Dies kommt bei 8% aller Vorschulkinder und vereinzelt auch im Erwachsenenalter vor. Auch diese Parasomnieform ist völlig unbedenklich, variiert aber ebenfalls mit dem Grad der seelischen Belastung. Die Worte werden meist gestammelt und bleiben unverständlich; selten einmal entstehen ganze Sätze. Eine Therapie ist nicht bekannt, sieht man einmal davon ab, dass es zu einer leichten Besserung kommen kann, wenn man den Nachtredner jedesmal weckt, wenn er anhebt zu sprechen.

Kurz- und Langschläfer unterscheiden sich tendentiell in ihrem Temperament. Kurzschläfer gelten als agiler, sie gelten auch als intelligenter, was aber nur einem Vorurteil entspricht. Langschläfer sind eher introvertiert, aber durchaus nicht weniger intelligent. Napoleon war ein berühmter Kurzschläfer, Albert Einstein ein passionierter Langschläfer, der mindestens elf Stunden Schlaf brauchte, um tagsüber voll aufnahmefähig zu sein … Kinder, die in ihrem Schlafbedarf erheblich von dem der übrigen Familie abweichen, brauchen oft viele Jahre, bis sie in ihrem Kurz- oder Langschläferstatus anerkannt werden. Langschläfern kann man raten, ihren Mittagsschlaf zu kultivieren; man sollte sie aber nicht anhalten, Normalschläfer zu werden, denn dann geraten sie rasch in ein Schlafmangelsyndrom hinein. Ein hartes Schicksal hatte eine Familie ereilt, die uns unlängst mit ihrem sechsjährigen Sohn aufsuchte, weil er jeden Morgen ab vier Uhr mit den Eltern spielen wollte. Leider konnten wir ihnen nur raten, ihren quicklebendigen Kurzschläferknaben auch dann noch gerne zu haben, wenn er fortan seine Nachtruhe auf die Zeit von 23 Uhr bis 5 Uhr beschränken würde. Die von den Eltern erhoffte Therapie einer „Durchschlafstörung" wollten wir in vollem Einverständnis mit dem Jungen denn doch nicht empfehlen …

Generell gilt, dass Kinder, die mit irgendeiner Schädigung ihres Gehirns zur Welt gekommen sind, häufiger Schlafstörungen haben als zerebral völlig gesunde Kinder. Ebenso finden sich vermehrt Schlafstörungen bei blinden, geistig behinderten, autistischen und bei Kindern, die aus Familien stammen, in denen mehrere Familienmitglieder Schlafprobleme aufweisen. Es gibt Familien, in denen gehört das Schlafwandeln seit Generationen zur Familientradition.

In jüngster Zeit sind bemerkenswerte Erfolge in der Behandlung schwerster Schlafrhythmusstörungen mit Melatonin erzielt worden, die vor allem blinden Kindern in Zukunft sehr helfen dürften, einen Schlaf-Wach-Rhythmus zu finden, der dem ihrer sehenden Umwelt angeglichen ist. Auch Transatlantikflieger, die mehrere Zeitzonen rasch hinter sich bringen, profitieren bereits von diesem Hormon, das sie wie ein Medikament einnehmen, um zur ortsüblichen Zeit müde zu werden.

Melatonin ist ein müde machendes Hormon, das bei jedem Menschen in der Nacht von der Epiphyse ausgeschüttet wird. Seine Absonderung wird durch Sonnenlicht gestoppt. Die segensreiche Auswirkung der Sonne in den munter machenden Ferien der Nordeuropäer in Südeuropa besteht also nicht nur darin, dass die Haut so attraktiv gebräunt wird. Vielmehr tragen vor allem die morgendlichen Sonnenstrahlen dazu bei, dass sich früher und intensiver der Melatoninschleier der „Morgenmuffel" lüftet.

IV.

VON DER UNTERSUCHUNG ZUR THERAPIE

13. Kapitel

Untersuchung, Befund und Diagnose

Wenn Eltern unter Schlafproblemen ihres Kindes leiden, dann wollen sie möglichst rasch eine Therapie bekommen, die das Problem beendet. In vielen Fällen führt das auch zum Erfolg, auch wenn ihre eigenen Theorien vielleicht ganz andere sind als die, an denen wir uns in der Kinderschlafambulanz orientieren.

Nun gibt es Theorien, für die die wiederhergestellte Ruhe in der Nacht zwar allen wie eine Bestätigung vorkommt, die aber einige Zwischenschritte unberücksichtigt lassen, Schritte, die indes für die Entwicklung des Kindes sehr wichtig sind. Eine dieser Theorien lautet:

Theorie Eins

„Alle Kinder schlafen irgendwann einmal durch, wenn man sie nur durchschreien lässt. Wenn man zuviel auf sie eingeht, dann werden sie womöglich nie durchschlafen!"

Diese Theorie war vor allem in der Nachkriegszeit weit verbreitet, und viele der heute vierzig- bis fünfzigjährigen Eltern haben auf diese Weise das Durchschlafen „gelernt".

Daneben gibt es eine zweite Theorie, nach der sich heute viele junge Eltern versuchen auszurichten:

Theorie Zwei

„Wenn Kinder nachts rufen, dann haben sie Angst, dann muss man sie beruhigen und ins Elternbett holen, damit sie wieder einschlafen können. Wenn man das nicht tut, dann fühlen sie sich verlassen und nehmen seelischen Schaden."

Beide Theorien werden heute noch häufig vertreten und führen zu heftigen Generationenkonflikten, in denen zumeist die „harte" Generation unversöhnlich mit der „verweichlichenden" Generation über Monate und Jahre in Fehde liegt. Beide Seiten fühlen sich irgendwann einmal, wenn sie den Streit lange genug durchhalten, voll bestätigt – nämlich dann, wenn die Kinder wirklich durchschlafen. Sind also beide Theorien „richtig"?

Nun, Theorien haben es leider an sich, dass sie weder falsch noch richtig sein können, sie können nur zu unseren Beobachtungen und Erfahrungen „passen" oder „nicht passen". So wie es auch keine richtigen oder falschen Hosen gibt, es gibt nur Hosen, die passen und solche, die nicht passen. Also kommt es wohl eher darauf an, *worauf* denn die Theorie „passen" soll. Ganz offensichtlich reicht, um das zu entscheiden, der Erfolg alleine nicht aus.

Wenn man die Ansicht vertritt – und das tun wir und inzwischen sehr viele Eltern, die verstehen wollen, was sich in ihren Kindern denn abspielt, wenn sie nicht durchschlafen wollen –, dass Eltern die Aufgabe haben, ihre Kinder bei ihren Lernprozessen zu unterstützen, damit sie besser im Leben klar kommen, dann kommt man nicht umhin, sich darüber Gedanken zu machen, *wie* Kinder eigentlich lernen. Das ist nun eine viel schwierigere Materie, da reicht der augenblickliche Erziehungserfolg als Kriterium nicht aus, denn Kinder sind leider auch an schlechte Lebensverhältnisse und Erziehungsbedingungen sehr anpassungsfähig, einfach, weil sie die Schwächeren sind.

Das Lernen der Kinder hat immer mit zwei Prozessen zu tun. Einmal gibt es da die innere Entwicklung, die bei Kindern durch die Entfaltung der Möglichkeiten ihres Organismus, insbesondere des Gehirns, geprägt wird. Und da gibt es die andere Seite, nämlich die notwendigen Anpassungsforderungen der Umwelt. Es gibt bei Kindern nie das eine ohne das andere. Um in diesem Dilemma eine Orientierung zu finden, hilft es am besten weiter, wenn man als Eltern versucht, vier Tugenden zu beherzigen: Einfühlung, Wissen, Geduld und Mut zum Risiko.

Wir haben in unserer Erfahrung in unserer Kinderschlafambulanz gelernt, dass alle Eltern (vielleicht einige ganz wenige ausgenommen) über diese Tugenden verfügen, aber dass sie sie oft deswegen nicht fruchtbar entfalten können, weil sie sich von außen oder von innen zu sehr unter Erfolgsdruck gestellt fühlen. Die meisten Eltern, die zu uns kommen, wollen sich von „Experten" sagen lassen, mit welchen Methoden sie den gewünschten Erfolg am besten und am schnellsten erreichen können. Das ist erst einmal gut verstehbar, schließlich haben sie schon vieles vergeblich ausprobiert, und zudem drängt das Problem meist so sehr, dass sie (meist die Mütter) „bald nicht mehr können".

Wir haben uns daher angewöhnt, von Anfang an den Eltern zu erklären, wie wir vorgehen werden, und dazu stellen wir zwei Fragen:

1. Was brauchen Sie, damit Sie die augenblickliche Situation aushalten können?
2. Was glauben Sie, spielt sich in Ihrem Kind und bei Ihnen im Augenblick ab?

Über diesen zwei Eingangsfragen kommen wir rasch zu einem Punkt, an dem wir uns „kollegial" austauschen können, wobei wir mit unserem „Expertenwissen" natürlich nicht hinter dem Berg halten. Es ist uns sehr wichtig, dass bereits in der ersten Sitzung bei den Eltern wieder Zuversicht entsteht. Erklärungen wie „Erst müssen wir eine Reihe von Untersuchungen durchführen, bis wir überhaupt etwas sagen können!" haben wir aus unserem Repertoire gestrichen.

Das ist mitunter riskant, denn auch uns gelingt es nicht, die Anhiebsdiagnose eines nächtlichen Anfallsleidens zu stellen, ohne dass wir zuvor ein EEG abgeleitet haben. Aber auch ein Kind, das seit Monaten den elterlichen Schlaf erheblich stört, weil es eben fast jede Nacht „Anfälle" hat, auch ein solches Kind hat eine Mutter (denn die ist zumeist davon am stärksten betroffen), die seit Monaten übermüdet ist und die einen Rat braucht, wie sie trotz gestörter Nächte tagsüber wieder Kraft finden kann. Also besprechen wir mit der Mutter, wann sie das Kind zum EEG bringen kann und welche Möglichkeiten es für sie gibt, tagsüber Schlaf nachzuholen und nachts schneller wieder einzuschlafen. Im konkreten Falle würden wir mit ihr die „Technik der Naps-im-vier-Stunden-Takt" besprechen, ihr helfen, wie sie ein einfaches Entspannungstraining lernen kann, ihr eventuell Johanniskraut verschreiben und ihr anbieten, uns zwischen den Terminen (im Abstand von 14 Tagen) anzurufen, wenn sie dazu aktuelle Fragen hat. Mit dem Vater würden wir besprechen, welche Möglichkeiten er sieht, seine Frau zumindest für zwei Nächte in der Woche zu vertreten, und wie er ähnliche Entspannungstechniken in seinen Alltag einbauen kann.

Erst wenn diese Basis geschaffen ist, führen wir unter Beteiligung der Eltern die ganz normale Prozedur der Untersuchungen durch, die sich aufgrund medizinischer und psychologischer Erfahrungen zur Aufklärung und Behandlung kindlicher Schlafstörungen als sinnvoll erwiesen haben. (Es folgt eine Auflistung von Verfahren, die nur in wenigen Fällen vollständig zur Anwendung kommen müssen.)

Untersuchungen und Befunderhebungen bei kindlichen Schlafstörungen

1. Führen eines Tag-und-Nacht-Buches nach einem freien Schema oder nach dem Schema, das sich bei vielen ähnlich arbeitenden Ambulanzen bewährt hat. (Abb. 22)

2. Ausfüllen des Freiburger Familienschlaffragebogens

3. Ausfüllen eines Anamneseschemas zur Vorgeschichte des Kindes und der übrigen Familienmitglieder

4. in besonderen Fällen Videodokumentation einer spezifischen Schlafstörung (z. B. Pavor nocturnus) mit der Kamera der Eltern oder mit einem ambulanzeigenen Aufnahmegerät

5. psychologische Untersuchung des Kindes (Entwicklung, Begabung, Phantasie)

6. neurologische Untersuchung des Kindes (mit EEG, Computertomogramm u. a.)

7. Spieldiagnostik mit Puppen, Malen oder Rollenspiel (wichtig u. a. bei Alpträumen) im Videostudio

8. Interaktionsanalyse Mutter-Kind im Video-Studio bei dem Verdacht auf eine schwerwiegende Bindungsstörung („strange-situation" nach M. Ainsworth)

9. Konsultation des Kinderarztes wegen wichtiger Vorbefunde

10. Eventuell Veranlassung von Zusatzuntersuchungen in der Kinderklinik, z. B. bei Allergieverdacht oder bei Verdacht auf ein Apnoe-Syndrom. Von dort aus evtl. Zusatzuntersuchungen in der HNO-, Augen-, Haut- oder Zahnklinik

11. Freiburger Kinderschlaf-Comic bei Kindern ab dem Vorschulalter (Abb. 23)

12. Traumtagebuch, eventuell auch Aufzeichnung der Traumerzählung auf einer Tonband-Kassette

13. Persönlichkeitsdiagnostik und Drogenanamnese bei Adoleszenten

14. Kindergarten- bzw. Schulbericht

15. Polysomnogramm im Schlaflabor (3 Nächte im Beisein der Mutter)

16. Klinische Interviews bei Spezialfragen, z. B. bei Verdacht auf kindliche Depression oder Angststörung

17. Schlaffragebogen für die Eltern, falls bei ihnen Hinweise auf eine eigene Schlafstörung bestehen, dann Überweisung in die schlafmedizinische Abteilung für Erwachsene

18. Hausbesuch bei der Familie (selten)

Forschungsgruppe Kinderschlaf Freiburg:
24-Stunden-Protokoll

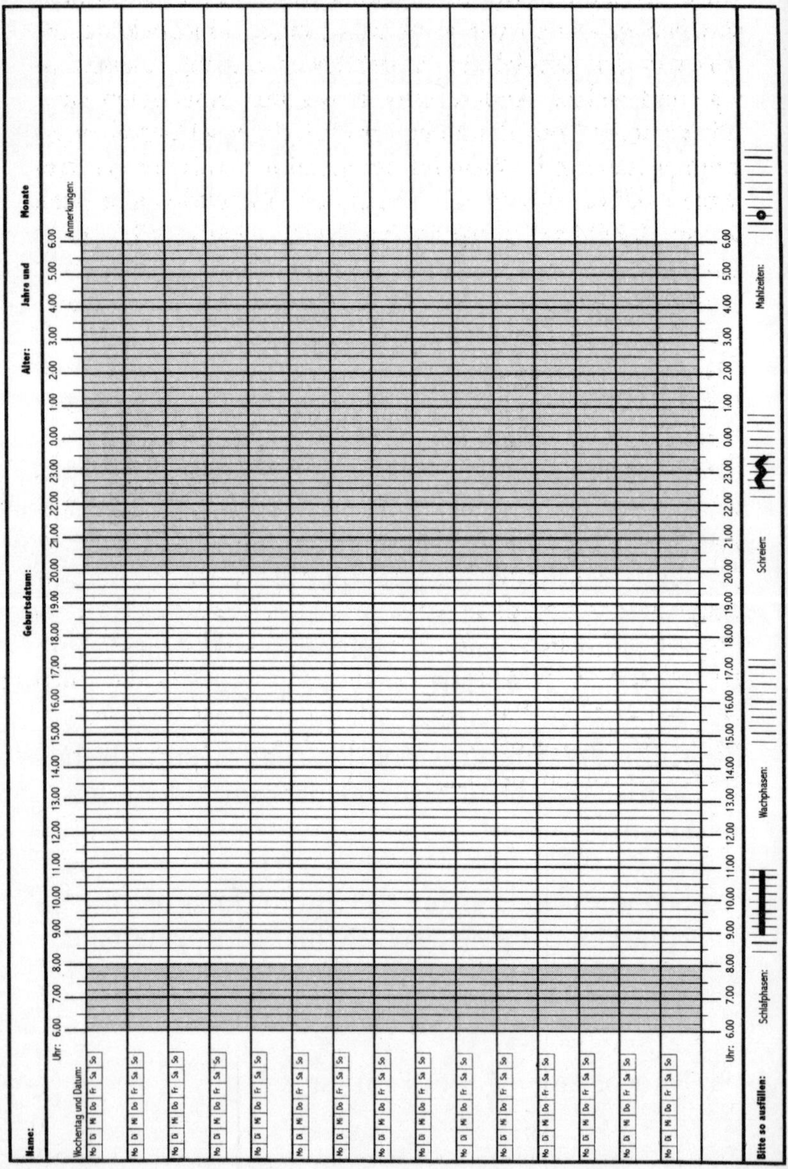

Abb. 22

Alle Familien bekommen nach 14 Tagen einen weiteren Termin, unabhängig davon, wieviele Untersuchungen in der Zwischenzeit durchgeführt worden sind. Nach diesen zwei Wochen gewinnen wir gemeinsam einen Eindruck davon, was von den Empfehlungen der ersten Sitzung realisierbar war und welche Änderungen inzwischen eingetreten sind. Die weiteren Konsultationen erfolgen dann wieder im Vierzehntagesabstand. Während der gesamten Zeit der gemeinsamen Arbeit führen die Eltern das Tag-und-Nacht-Buch weiter. Sobald wie möglich werden die Eltern und je nach Entwicklungsstand auch die Kinder über die Untersuchungsergebnisse informiert. Zum Abschluss erhalten die Eltern und die zuweisenden Ärzte einen Bericht.

Die Diagnosen werden dann nach einem Schema formuliert, wie es im 12. Kapitel diese Buches angegeben ist, und den Kindern und den Eltern erläutert.

Während der gesamten Zeit der Diagnosefindung werden in den Vierzehntagessitzungen therapeutische Schritte besprochen, erprobt, geändert und erneut ausprobiert.

Die meisten kindlichen Schlafstörungen benötigen eine diagnostische und therapeutische Arbeit, die sich über zwei bis sechs Wochen erstreckt. Aber es kommen auch Zeiträume von sechs Monaten und mehr vor. Alle Familien werden zu einem Nachbesprechungstermin nach Ablauf von sechs Monaten gebeten, den bislang nahezu alle Familien gerne wahrgenommen haben.

Freiburger Kinderschlafcomic

Abb. 23

14. Kapitel

Geduld, Beratung und Therapie

Es gehört zu den besonderen Eigenarten unserer Kinderschlafambulanz, dass alle Familien, die ihr Kind wegen Schlafproblemen vorstellen, bereits mit einer „Therapie" begonnen haben. Daher ist der Einstieg in das Thema Behandlung von Anfang an eines unter „Kollegen". Was die meisten Eltern erst noch erwerben müssen, ist etwas mehr Gelassenheit und Geduld. Denn wie schlimm auch die Probleme erscheinen mögen, es sind doch Schwierigkeiten eines sich entwickelnden Kindes und nicht eines „Krankheitfalles". Das bedeutet, dass spontane Veränderungen des Zustandsbildes die Regel sind und wir mit unseren Interventionen allenfalls wieder bessere Entwicklungsbedingungen herstellen können. Dieser Umstand verlangt auch, dass alle mit ihrem Stolz auf „Therapieerfolge" etwas zurückhaltend umgehen müssen. Denn es ist im Einzelfall sehr schwierig, wenn nicht gar unmöglich zu sagen, *wer was wie warum* bewirkt hat. So gilt es auch, damit zu rechnen, dass sich die Problemsituationen wiederholen werden, wenn das Kind gerade in einer schwierigen Entwicklungsphase ist. Vor allem bei Kindern, die sich mit der Bewältigung von Ängsten schwer tun, kann man diese Beobachtung immer wieder machen.

Die Bedeutung von Beratung reduziert sich in der Kinderschlafambulanz auf die Vermittlung von Wissen und die Beantwortung von Fragen, die die Familie wirklich gestellt hat, nicht von Fragen, auf die der „Experte" so gerne eingehen würde. Dieser Gesichtspunkt spielt daher eine so große Rolle, weil die Eltern viel eher eine Anregung umsetzen, wenn sie sie mit eigenen Therapieerwartungen in Einklang bringen können. So ist es nicht sinnvoll, einer Mutter, die ihr Kind Nacht für Nacht ins Bett holt, wenn es ruft, abzuverlangen, dass sie das Schreien ihres Kindes halt aushalten müsse. Viel besser ist es, ihr zu helfen, eine für sie stimmige Lösung dafür zu finden, wie sie die für ihr Selbstverständnis zentrale Überzeugung aufrechterhalten kann, auch bei einem Stufenprogramm, wie es im fünften Kapitel beschrieben ist, noch eine „gute Mutter" zu sein. Dafür aber hat jede Mutter eigene innere Wertmaßstäbe, die ein „Experte" nicht korrigieren sollte – und zum Glück meist auch gar nicht kann. Es gibt immer wieder Behandlungsverläufe, bei denen gerade das Eintreten eines „Erfolgs" vermieden wird, weil dadurch neue Schwierigkeiten auftauchen würden.

Nach unserer Erfahrung zeichnen sich wirklich gute Behandlungserfolge dadurch aus, dass die Eltern im Nachhinein das Gefühl haben, das Entscheidende selbst geschafft zu haben. Das Gleiche gilt übrigens auch für ältere Kinder, bei denen die Vorstellung, „erfolgreich behandelt" worden zu sein, nur in Fällen einer Tendenz zur Überanpassung einmal auftauchen kann. Diese Einschätzung, dass die Familien und die Kinder letztlich „eigene" Lösungen gefunden haben, spiegelt sehr realistisch unsere überwiegende Erfahrung wider. So sind viele Empfehlungen, die dieses Buch enthält, entstanden aus dem genauen Hinhören auf die Einfälle der betroffenen Familien, deren Kreativität eine ganz entscheidende Quelle hat: Sie speist sich aus der Not, eine Lösung finden zu müssen, will man nicht von den Problemen überschwemmt werden. Und eine über Monate gehende Tagesmüdigkeit ist wahrlich eine bedrängende Notsituation.

Das Kapitel „Behandlung" wird nun nicht mit einer Auflistung von pflanzlichen oder medikamentösen Therapieverfahren aufwarten, da dies der Intention dieses Buches widersprechen würde. Unseres Erachtens sollten alle fachlichen Empfehlungen, die über die im Gespräch entwickelbaren Wege hinausgehen, nur in persönlicher Bindung an eine verantwortliche Person, eine Ärztin, einen Arzt, eine Psychologin oder einen Psychologen gegeben werden. Zu groß ist die Versuchung, unkritisch, und das heißt, ohne vorangehende Befunderhebung, Mittel einzusetzen, die im besten Falle überflüssig, im schlimmsten Falle aber schädlich sind. Daher sind auf einigen Seiten dieses Buches immer nur dann Medikamentennamen genannt worden, wenn diese Mittel sich zur Behandlung schwerer Fälle als unverzichtbar erwiesen haben. Die Behandlung schwerer Fälle aber gehört alleine in die Hand von Fachleuten, die – wie viele Studien gezeigt haben – umso zurückhaltender mit Medikamenten umgehen, je mehr sie von ihrem Handwerk verstehen.

Das heißt aber auch, dass eine generelle Verleugnung erfolgreicher medikamentöser Behandlungserfahrungen bei bestimmten Störungsbildern (z.B. Schlafepilepsien oder Depressionen in stärkerer Ausprägung, aber auch bei Narkolepsien und speziellen Fällen von hyperkinetischen Syndromen) eher ein Zeichen von Unwissenheit ist als ein Hinweis auf eine „humanere" Einstellung der Behandler.

Gerade bei der Behandlung von kindlichen Schlafstörungen erweist sich die geduldige und vor allem die sorgfältige Befunderhebung oft als die beste Form von Therapie. Denn sie kann am ehesten die Ressourcen nutzen, über die die Familien und Kinder bereits verfügen, wenn sie sich das erste Mal entschließen, nach langen eigenen Bemühungen „Experten" zum Thema Schlafstörungen im Kindesalter aufzusuchen.

Literaturhinweise

Literatur für Kinder

DAS BUCH DER MÄRCHEN. Frankfurt: Büchergilde Gutenberg (1995)

BOUTON, J. & DOLTO-TOLITCH, C.: Das Schlaf- und Traumbuch, Köln: vgs verlagsgesellschaft (1989)

FRIESE, H.-J. & FRIESE, A.: Manchmal habe ich solche Angst, Mama. Freiburg i.Br.: Verlag Herder (1997)

MAFFAY, P.: Tabaluga – Die schönsten Kinderlieder. Pattloch

POORTVLIET, R. & HUYGEN, W.: Das Buch vom Sandmann und das ABC vom Schlaf. Hamburg: Parey (1989)

Literatur für Eltern

DOUGLAS, J. & RICHMAN, N.: Mein Kind will nicht schlafen. 2. Auflage. Stuttgart: G. Fischer (1993)

FRAIBERG, S.: Die magischen Jahre in der Persönlichkeitsentwicklung des Vorschulkindes. Reinbek: Rowohlt-Verlag (1987)

KAMMERER, D.: Zärtlicher Abschied vom Tag. Freiburg i.Br.: Verlag Herder (1997)

LARGO, R. H.: Babyjahre. Hamburg: Carlsen Verlag GmbH (1993)

STERN, D.: Mutter und Kind. Stuttgart: Klett-Cotta (1979)

ZIMMER, K.: Schritte ins Leben. 2. Auflage. München: Kösel-Verlag GmbH & Co (1987)

ZIMMER, K.: Das wichtigste Jahr. München: Kösel-Verlag GmbH & Co (1991)

Literatur für Berater

BERGER, M. (Hrsg.) & RIEMANN, D.: Handbuch des normalen und gestörten Schlafs. Berlin: Springer-Verlag. (1992)

BRAZELTON, T. B. & CRAMER, B. G.: Die frühe Bindung. Stuttgart: Ernst Klett Verlag. (1990)

BRAZELTON, T. B.: Ein Kind wächst auf. Stuttgart: Klett-Cotta (1995)

FERBER, R. & KRYGER, M. (eds.): Principles and practice of sleep medicine in the child. Philadelphia: Saunders (1995)

SCHULZ, H. (Hrsg.); Deutsche Gesellschaft für Schlafforschung und Schlafmedizin: Kompendium Schlafmedizin. Landsberg/Lech: ecomed verlagsgesellschaft AG & Co. KG (1998)

Literatur für Spezialisten

ASERINSKY, E. & KLEITMAN, N.: Regulary occuring periods of eye motility and concomitant phenomena during sleep. Science 118, 273–274 (1953)

DOLTO, F.: L'image inconsciente du corps. Paris: Edition du Seuil (1984)

FERBER, R.: Solve your child's sleep problems. New York: Simon & Schuster (1985)

GUILLEMINAULT, CH. (ed.): Sleep and ist disorders in children. New York: Raven Press (1987)

KELLER, H. (Hrsg.): Handbuch der Kleinkindforschung. Berlin: Springer-Verlag (1989)

KRYGER, M. H.; ROTH, TH.; DEMENT, W. C.: Principles and practice of sleep medicine. 3rd edition. London: W. B. Saunders Company (2000)

ROFFWARG, H. P. et al.: Ontogenetic development of the human sleep-dream cycle. Science,152, 273–274 (1966)

Kinderzeit

Ulrich Rabenschlag
Wenn Kinder nicht mehr froh sein können
Depressionen bei Kindern erkennen und helfen
Band 5516
Rabenschlag macht deutlich, was in unglücklichen Kindern vorgeht, informiert über die Störungen und zeigt, was Eltern tun können.

Daniela Liebich
Mit Kindern richtig reden
Wirksam erzählen, ermahnen, erklären
160 Seiten, Klappenbroschur
ISBN 3-451-26155-3
Regeln und Tipps für ein lebendiges Miteinander – ohne Streß und Frust.

Maria Pfluger-Jakob
So entwickelt sich mein Kind
Vom Kleinkind bis zum Schulanfang
Band 5145
Welche Eigenheiten und Bedürfnisse zu welchem Alter gehören, wie ein Baby sich ausdrückt und was ein Kleinkind schon alles kann – ein wichtiges Begleitbuch für Eltern.

Claudia Wulff
Mit Kindern die Geheimnisse der Nacht erkunden
Band 5130
Die Autorin verbindet das Wissen um natürliche Zusammenhänge mit der Achtung vor der Schöpfung. Geschichten und einfache Aktionen für Eltern und Kinder ab 5.

Werner Haas
Eltern, setzt euch durch!
Keine unnötigen Machtkämpfe mehr
Band 5119
Wie gewinnen Eltern positive Autorität und Kinder innere Klarheit? Ein praktischer Ratgeber, der Eltern zeigt, wie sie sich durchsetzen, ohne auszuflippen.

HERDER spektrum

Ingrid Leifgen
Immer diese Besserwisser
Was tun, wenn andere sich in die Erziehung einmischen
Band 5117
Mit vielen Beispielen und Lösungsvorschlägen.

Gudrun Hennig
Kindern Geborgenheit geben
Was Eltern tun können
Band 5108
Die Kinderärztin und Therapeutin zeigt, wie Eltern die richtige Mitte zwischen Behüten und Fordern finden und ein gutes Umfeld schaffen können.

Uta Reimann-Höhn
ADS – So stärken Sie Ihr Kind
Was Eltern wissen müssen und wie sie helfen können
Band 5095
Grundlegende Informationen und praktische Ratschläge zum Aufmerksamkeits-Defizit-Syndrom. Mit gezielten Entspannungs-, Beruhigungs- und Konzentrationsübungen.

Silke M. Zacharias
Was mach ich, wenn mein Baby schreit
Die wichtigsten Fragen in den ersten 12 Monaten
Band 4993
Das erste Baby ist da – und mit ihm Müdigkeit, Stolz und Fragen, Fragen, Fragen. Silke Zacharias beantwortet sie klar, liebevoll und sachkundig.

Myron Wojtowytsch
Gutenachtgeschichten vom kleinen Bär
Band 4992
Diese Gutenachtgeschichten voller Fantasie und Spannung nehmen immer ein gutes Ende und helfen den Tag unbeschwert abzuschließen. Für Kinder von 4 bis 8.

HERDER spektrum

Ursula Meier-Hirschi
Das Gutenachtbuch
So schlafen Kinder gut
Band 4966

Nur mal eine Nacht durchschlafen! Präzise Informationen, viele konkrete Anregungen und Praxiserprobte Mittel für einen guten Schlaf.

Gertrud Kaufmann-Huber
Kinder brauchen Rituale
Ein Leitfaden
Band 4936

Rituale sind wichtig für die kindliche Entwicklung, aber die richtigen müssen es sein. Sie geben Sicherheit, Gemeinschaft und Geborgenheit.

Rudolf Dreikurs/Loren Grey
Kinder lernen aus den Folgen
Wie man sich Schimpfen und Strafen sparen kann
Band 4884

Ein Erziehungsstil, der Kindern frühzeitig dazu verhilft, eigenständige Erfahrungen zu sammeln und mit Freiheit richtig umzugehen.

Roswitha Defersdorf
Deutlich reden, wirksam handeln
Kindern zeigen, wie Leben geht
Band 4829

Damit Kinder ihren Weg eigenständig und erfolgreich gehen lernen brauchen sie Eltern, die eindeutig, klar und liebevoll sind.

Xenia Frenkel
Einfach & glücklich
Leben mit Kindern
Band 4828

Der Ratgeber für Eltern, deren Alltag mit Kindern oft kompliziert scheint. Er zeigt: Einfacher leben heißt: mehr vom Leben haben.

HERDER spektrum

Monika Niederle
Kinderängste verstehen
Eltern geben Mut und Sicherheit
Band 4821

Trennungsängste, Verlassenheitsängste, Versagensängste: Eine konsequente Erziehung ist der beste Schutz davor. Für alle Eltern, die ihren Kindern Mut machen wollen.

Walter Pacher
Wenn Kinder ihre Macht erproben
Freiheit lassen und Grenzen setzen
Band 4793

Machtkämpfe in der Familie müssen nicht sein. Der erfahrene Gordon-Trainer zeigt, wie es ohne Niederlagen geht, wenn Kinder und Eltern unterschiedliche Vorstellungen, Wünsche und Bedürfnisse haben.

Mark L. Brenner
Positiv erziehen
Konsequent bleiben, ohne autoritär zu sein
Band 4783

Wenn sie sich in ihrem Anliegen verstanden wissen und Alternativen sehen, können Kinder durchaus damit klarkommen, dass sie etwas nicht bekommen oder nicht dürfen. Brenner zeigt, wie das gelingt.

Ursula Henn
Entspannte Kinder – fit für's Leben
Phantasiereisen, Geschichten und Übungen zum Ruhigwerden
Band 4750

Ein Buch auch für ungeübte Eltern und Kinder – mit Anleitungen für ein neues, positives Lebensgefühl.

Günter Harnisch
Wie Kinder innerlich zur Ruhe kommen
Phantasiereisen für Kinder mit ihren Eltern
Band 4660

Auf den 50 hier beschriebenen Phantasiereisen erleben Kinder Bilder und Vorgänge, die sie tief in der Seele berühren und ihnen helfen, ihren Platz im Leben zu finden.

HERDER spektrum